커리어 컨설턴트 프로페셔널

커리어 컨설턴트 프로페셔널

발행일   2017년 01월 10일

지은이   권일진, 김희연, 조현흠
펴낸이   손 형 국
펴낸곳   (주)북랩
편집인   선일영   편집   이종무, 권유선
디자인   이현수, 김민하, 이정아, 한수희   제작   박기성, 황동현, 구성우
마케팅   김회란, 박진관
출판등록   2004. 12. 1(제2012-000051호)
주소   서울시 금천구 가산디지털 1로 168, 우림라이온스밸리 B동 B113, 114호
홈페이지   www.book.co.kr
전화번호   (02)2026-5777   팩스   (02)2026-5747

ISBN   979-11-5987-398-0 13370(종이책)   979-11-5987-399-7 15370(전자책)

잘못된 책은 구입한 곳에서 교환해드립니다.

이 책은 저작권법에 따라 보호받는 저작물이므로 무단 전재와 복제를 금합니다.

이 도서의 국립중앙도서관 출판예정도서목록(CIP)은 서지정보유통지원시스템 홈페이지(http://seoji.nl.go.kr)와
국가자료공동목록시스템(http://www.nl.go.kr/kolisnet)에서 이용하실 수 있습니다.
(CIP제어번호 : CIP2017000449)

(주)북랩 성공출판의 파트너

북랩 홈페이지와 패밀리 사이트에서 다양한 출판 솔루션을 만나 보세요!

홈페이지 book.co.kr   1인출판 플랫폼 해피소드 happisode.com
블로그 blog.naver.com/essaybook   원고모집 book@book.co.kr

개인 맞춤형 진로 상담과 생애진로설계

커리어 컨설턴트 프로페셔널

CAREER CONSULTANT PROFESSIONAL

권일진
김희연
조현흠
지음

북랩 book Lab

  미국의 경영 월간지 〈패스트컴퍼니〉의 사명 선언문에서는 **"우리는 일이 단순히 돈만을 의미한다고 생각하지 않는다. 일은 스스로 완전하게 이해한 자신에 대한 궁극적인 표현이다."**라고 말하고 있다. 나는 일(=직업)을 정의한 여러 가지 문구 가운데 이 정의처럼 직업을 가장 잘 표현한 것은 없다고 생각한다. 우리는 고등학교 혹은 대학교를 졸업하고 사회에 발을 내디딜 때가 되면 공통적으로 접하는 내면의 질문이 있다. **'나는 앞으로 무슨 일을 할 것인가?'**

  이 질문은 초등학교를 가기 전인 유치원 때부터 혹은 그 이전부터 심지어 태어날 때부터 나와 함께 했던 질문이다. 우리 부모는 내가 어린 아기일 때부터 "너는 커서 뭐가 될래?"라는 형식으로 미래 나의 일, 즉 직업에 대해 관심을 가져왔다. 또한 초등학교부터 대학교까지 모든 학교 교육은 대부분이 위의 질문을 전제로 이루어진다. 특히 인류사회가 형성된 이래로 오늘날처럼 이 질문에 대한 답을 찾는 데 초점이 맞추어진 시기도 없었다. 현재 우리의 학교는 내가 사회에서 일을 하는데 필요한 지식과 정보를 중심으로 나를 훈련시키고 있다. 그러나 위의 일에 대한 정의에서도 명시하였듯이 내가 올바르게 직업을 선택하기 위해서는 우선 나에 대한 완전한 이해가 선행되어야 한다.

지구상에 존재하는 수많은 생명형태를 보고 학자들은 진화론의 자연선택적 관점에서 '자기 생존에 유리한 방향으로 환경에 적응하면서 특정 생명형태가 형성된 것'으로 보았다. 그러나 포르트만은 자신의 저서 『동물의 형태(Die Thergestalt)』에서 생명에게는 자연선택 상의 장점 및 유용성만으로는 설명할 수 없는 기이한 형태 및 습성들이 너무나 많은 것을 보고 "생명은 자유롭게 떠오른 착상을 어떤 틀에도 구애받지 않고 마음껏 드러낸 표현"이라고 했다. 생명에게는 단순히 생존하고 번식을 통해 자기를 보존하려는 욕구 이상의 욕구가 있다. 그것은 바로 자기표현의 욕구이다. 그리고 이러한 욕구가 자연 속에 다양성과 아름다움을 만들어 낸다. 생명은 자신을 드러내고자 한다.

인간은 사회에서 일을 통해 자기 자신을 표현한다. 나가 하고 있는 일이 단순히 먹고 살기 위해서 혹은 다른 사람에게 잘 보이기 위해서 하는 일이라면 본인은 내면에서 '이건 아닌데…'라는 허전함과 부족함을 항상 느낀다. 그러나 자신의 깊은 내면에서 올라오는 설렘과 열정으로 자기 가슴을 뛰게 하는 일을 열정을 다 바쳐 하고 있는 사람은 궁극적으로 자신을 표현하고 있는 것이다. 이러한 사람들은 사회에서 놀라운 업적을 이루어 내며 다른 사람들로부터 선망과 존경을 받는다.

자기실현이란 완전하게 이해한 자기 자신을 일을 통해 궁극적으로 표현하는 것이다. 사람은 태어날 때부터 자기 자신에 대해 왜곡된 인식을 갖고 태어난다. 그리고 성장하면서 환경에 의해 왜곡은 더욱 심화되고 사회적 요구에 맞추어 어느 한쪽으로 편향된다. 따라서 자기 자신을 이해한다는 것은 이러한 왜곡된 인식의 필터(Filter)를 제거하고 자신과 사회를 있는 그대로 보는 참된 인식을 갖는 것이다. 참된 인식은 내가 세상에 나온 목적과 해야 할 일을 스스로 느끼게 한다. 즉, 나는 비로소 소명(Calling)을 자각하는 것이다.

이 책은 자신의 진로를 고민하는 청년 및 중장년들이 자기 자신에 대한 이해를 통해 자신의 진로를 설계할 수 있도록 안내하는 진로상담전문가들에게 도움을 주고자 집필되었다. 진로상담전문가들이 서비스를 제공하는 분야는 진학상담부터 진로 결정, 직업 선택, 취업 알선, 전직지원, 생애진로설계, 은퇴 상담 등 그 분야는 너무도 많다. 그러나 이 책에서는 그러한 분야를 다 포함하지는 않았으며 진로상담에서 가장 근본이 되는 '자기 자신에 대한 이해'에 초점을 맞추어 직업흥미, 직업강점, 직업가치에 대한 진단과 이를 기반으로 자신의 진로를 설계하고 삶 속에서 실천할 수 있도록 '생애진로설계'에 중점을 두었다.

그동안 진로상담에 관한 서적들은 직업상담사 자격증 취득에 도움을 주거나 진로상담을 학문적으로 접근하는 방식의 책들이 거의 주류를 이루었다. 그래서 현장에서 진로상담을 하는 직업상담사들은 실제 실무에서 적용 가능한 지식을 갈망해 왔지만, 그 목마름을 해소하여 줄 만큼 내용에 깊이가 있고 적용 가능한 사례 중심으로 쓰인 책은 없었다. 이 책은 그러한 요구에 부합하도록 작성되었으며, 특히 우리가 진로상담사들을 대상으로 실무과정으로 교육하고 있는 '진로상담전문가' 교육 내용을 그대로 담고 있어 교재로도 활용 가능하다. 아무쪼록 이 책이 진로상담의 지침서로 현장에서 적용 가능한

깊이 있는 실무 지식을 갈망하는 많은 진로상담사들의 욕구를 충족
해 주기를 기대해 본다.

직 능 수 준 ＼ 세 분 류	직업상담
IV	직업상담슈퍼바이저 직업심리치료사 직업상담강사 전직지원전문가 진로진학상담교사 취업지원관 커리어코치
III	직업상담원 커리어컨설턴트 취업설계사 진로상담원
II	취업알선원 잡매니저
I	-

국가직무능력표준(NCS)에 의한 직업상담사의 산업현장 직무능력 수준

진로상담사가 되다

| 진로상담사의 길을 가다

지금 이 순간 나는 '북극성을 찾아주는 진로상담사'

온통 하늘색 빛이 가득한 블루로즈를 청년 시절 꿈에서 보았다.
그 당시의 꽃말은 불가능이었지만, 지금은 기적이다!

블루로즈(기적의 비밀)

영혼의 목적이 다다르는 곳(꿈을 향하여 가는 이들에게)

왜 늘 나에게만 이런 일이 생기는 것일까?

무엇이 문제이고,

어떻게 해결해야 하는가?

술술 풀리는 사람과 나는 무엇이 다른 것인가?

계속 부딪히는 실패와 좌절 끝에서

더 이상 기댈 곳이 없는 세상에서

한발 한발 디딜 힘조차 없어진

절망의 늪에 빠진 그대여!

또다시 매몰차게

한줄기 희망의 싹조차 무참히 짓이겨

한 움큼 붙잡을 끈 없이

깊고 어두운 지하 터널의 나락으로

하염없이 고속으로 떨어질 때

손끝부터 시작되어 심장까지 돌던

열정의 붉은 피는 멈추고

발끝부터 꿈틀거려 머리까지 향하던

싱그러운 에너지가 메말타 갈 때

저 멀리 고요한 내면의 소리가 들린다.
아득히 먼 우주의 깊은 곳에서 울린다.

"그 어떤 존재보다 소중한 나는
의식의 불빛이 꺼지기 전까지

내가 하고자 하는
내가 아니면 하지 못할
그것을 과감히 행하라."

그렇다. 이제는 두려움을 버려라.
신이 내린 내가 꼭 해야 할 것,
신이 주신 나만이 할 수 있는 것,
그것을 필사적으로 행하라!
한 치의 두려움 없이 실행하라!

그러면 정녕 얻을 것이다.
속사포로 이루어질 것이다.
정성 들여 행하던 찬란한 너의 돌탑은
햇살과 풍파에 견고하게 더더욱 우뚝 설 것이다.
그리고 아우라를 뿜어내
모든 사람들이 경이롭게 여길 것이다.
사랑한다! 아름다운 영혼의 촛불
이제 스스로 일어서라!

"블루로즈의 꽃말이 무슨 뜻인 줄 아십니까? 원래 하늘색 장미꽃은 세상에 존재하지 않는다고 합니다. 산소가 유전학으로 존재할 수 없기 때문입니다. 꽃갈은 불가능이었습니다. 그러나 지금은 현대기술의 발달로 파란색 장미를 인우적으로 만들 수 있게 되었습니다. 그래서 그 이후 블루로즈의 꽃말은 기적(미라클)이라고 합니다. 자! 여기 계신 여러분의 꿈을 이룰 수 있는 힘, 기적을 행하는 바람으로 제가 이 글을 썼습니다. 우주의 큰 에너지를 받아 소망하는 꿈, 기적을 꼭 이루십시오! 저도 여러분들의 꿈을 응원하고 저의 꿈 또한 매진할 것입니다. 감사합니다."

일제히 약속이나 한 듯 박수갈채가 흘러나왔다. 15경 남짓한 청년 구직자들이 눈망울은 새로운 희망과 결심으로 초롱초롱 빛이 났다. 매번 집단상담프로그램을 진행하고 그 마지막 마무리하는 시간에는 내가 그들에게 전하고픈 메시지를 꼭 전달한다.

'두려움에 떨지 말고, 일어나 행하라!'

내가 이렇게 열정적이고 강하게 내담자(구직자)들에게 꿈에 관한 동기를 부여하고, 확신을 주며, 절절하게 외칠 수 있었던 그 원동력은 무엇인가? 나 자신 또한 북극성을 향해, 꿈을 향해 가고자 하는 노력과 열정이 끊임없이 용솟음쳤고, 그 밑바탕엔 가치 실현을 위한 굳건한 신념이 있었기에 가능했던 것이다. 물론 이렇게 확신을 가지고 나의 일에 전념할 수 있게 된 것은, 신입 때부터 그랬던 것이 아니라, 어느 정도 경력이 쌓이고 난 이후의 어떤 통찰과 깨달음에 의해서였다. 또한 그 깨달음의 과정도 시간이 지남에 따라 저절로 이루어진 것은 아니며, 내 삶의 중대한 사건과 경험이 있었기에 이루어졌다.

지금으로부터 2년 전을 되돌아본다.

면접 그리고 사수와의 첫 만남

"네, 오늘 마침 휴무라서 면접은 오후에 가능합니다. 오후 가능한 시간을 알려
주시면 제가 찾아 뵙겠습니다."

직업상담사 경력 5년 차, 지금까지 해왔던 업무 영역에서 벗어나 새
로운 곳에서 직무역량을 쌓고자 지원했던 곳에서 연락이 왔다. 마침
휴무를 낸 터라 바로 면접 약속을 잡고 설레는 마음으로 지원한 회
사를 찾아갔다. 면접관은 지점을 관리 운영하는 분이었고, 그분의
안내를 받아서 부드러운 분위기 속에서 면접이 진행되었다.

"네, 저는 집단상담프로그램 운영에 관심이 많습니다. 이 회사에 지원한 가장
큰 이유도 프로그램 운영을 위한 실무를 익혀, 잘 운영하고 싶어서 지원하게 되
었습니다."

고개를 끄덕이면서 흐뭇해하던 면접관. 같이 일하고 있는 상담사
분을 면접에 참석시키겠다고 하신 후 한 분을 바로 데리고 오셨다.
중년의 한 남성 상담사분이 면접실로 오셨고, 인사를 하고 난 후 면
접 진행을 지켜봤다. 그리곤 나에게 궁금하셨던 것이 있으신지 질문
을 하셨다.

"앞으로 미래 10년 후에는 어떤 것을 하고 싶은가요? 아니, 10년 후의 꿈이 무엇입니까?"

지금까지 여러 곳에서 면접을 봐 왔고, 대학교 졸업 이후 따져도 수십 번이 넘었을 법한 면접에서 이런 질문은 처음 받아 보는 것이었다.

"무료진로상담센터를 운영하고 싶습니다. 저는 대학교 졸업 이후 몇몇 직업을 거쳐 왔습니다. 대학교를 졸업할 때나 그전에 진로상담을 잘 받았더라면 지금까지의 시행착오는 겪지 않았을 것입니다. 그리하여 진로상담 서비스가 꼭 필요한 사람들에게 상담을 해주고 싶습니다. 특히 가정 형편이 어려워 그러한 서비스를 받지 못하는 사람들에게 무료로 상담서비스를 제공하고자 합니다. 앞으로 10년 후에는 같은 생각을 가진 분들과 네트워크를 형성해 상담센터를 꾸려가고 싶습니다."

예상치 못한 뜬금없는 질문에 평소 내가 꿈꿔왔던 내 미래의 한 부분이 여과 없이 불쑥 튀어나와 버렸다. 그렇다! 막연하게 상상했던 내 꿈이 처음 말로 나왔던 것이다. 나와 같은 생각을 가진 분들이 어떤 분들인지도 정해지지 않았고, 어떻게 상담센터를 운영할 것인지? 구체적인 모습도 계획한 적이 없었던⋯. 그때 처음 대면했던 사수, 그분이 앞으로 진로상담사로서 나의 역량을 크게 키워 주실 것을 그때는 전혀 몰랐었다.

나는 왜 직업상담사가 되고자 했는가?

청년 취업이 국가적, 세계적으로 점점 큰 화두가 되어 가고 있는 현시점! 5년 전, 10년 전에도 이 문제가 없던 것은 아니라고 본다. 단순히 취업을 못 해서가 아니라 내가 원하는 곳에서 일할 수 없음이 안타까운 것이다. 취업을 했다고 해도 그 일자리가 마음에 들지 않아서 입사한 지 얼마 안 되어 그만두거나, 정규직으로 가기보단 아르바이트로 전전긍긍하는 지금의 세대들….

또 어떤 일을 해야 할지? 무슨 직업을 가져야 재미나고 활력 있게 살 수 있는지? 내가 하고자 하는 일이 즐겁고 보람되며, 내 삶을 윤택하게 해줄 수 있는지? 근본적인 문제는 미래의 모습이 희망찬 밝은 빛이 아니고 희뿌연 안갯속에서 헤매는 데 있기에 우울하고 답답한 것이다.

물론 역사와 구조적인 문제가 역시 끼어있다. 다양하고 전문적인 직업보다는 화이트칼라를 선호하는 유교적인 사상이 뿌리 깊게 박혀있고, 교육체계가 입시 위주이며, 졸업 이후엔 한정된 취업의 문이 조금 열린 상황…. 또한 진정한 직업가치를 발견할 수 없는 진로상담으로 청소년들은 더욱더 갈피를 못 잡고 있다. 지금 청소년들의 몇 퍼센트가 제대로 진로상담을 받고 있을까? 무엇보다 절실히 필요한 건 청소년들에 대한 진로상담서비스가 효율적으로 이루어지는 것이다. 미래의 희망을 짊어진 꿈나무들은 나같이 방황하는 삶을 살지 않게 하기 위하여….

나는 책을 좋아하고, 짧은 글쓰기도 가끔 즐기던 감성적인 소녀였다. 장녀였고, 부모님께는 순종적이며, 온순했고 모범생이고자 했던 청소년 시절을 거처 왔다. 하지만 순진하게도 대학 학사 전공 선택부터 부모님의 뜻에 따라 그리고 취업을 위해 내가 좋아하는 분야도 아닌, 상경계열로 떠밀려 입학을 한 것부터 첫 단추를 잘못 끼운 것이다. 또한 학교의 인지도에 따라서 내가 하고 싶었던 전공을 포기한 상황이었다. 좀 더 내 고집, 내 신념대로 좋아하는 분야로 전공을 선택할 것을….

이 책을 읽는 분들은 부디 자녀가 원하는 전공을 말리지 않길 바란다. 자녀는 커서 성인이 될 것이고, 그들의 인생은 그들 본인의 곳이다. 그들이 하고 싶어 하는 것을 제발 말리지 말라. 하다가 실패하더라도 그 선택에 책임을 질 것이며, 다시 일어설 수 있는 힘을 가질 수 있는 건 당신들의 자녀들이다. 하고 싶은 것을 막았다는 원망을 평생 듣기 싫으면 제발 막지 말라. 내가 좋아하고, 좋아해서 잘할 수 있는 강점을 활용하지 못한다면 그것은 날개를 찢는 일이다. 노력을 해야 월등해지는 그런 분야를 생고생을 해서 최고 수준으로 오를 수 있다고 믿는가? 어느 정도 수준에는 오를 순 있지만, 본인이 흥미가 없는데 언제까지 유지가 될 수 있을까?

나는 높은 학점으로 졸업할 수가 없었다. 흥미가 없는 전공을 평균수준으로 졸업하는 것조차 얼마나 다행한 일인가? 자신의 강점 핵심역량을 활용하지 못한 그 이후의 삶은 방황과 고난의 연속이었다. 졸업 즈음, 거대한 물결(브론펜브레너의 환경체계 모델 중 거시체계라 칭할 수 있을 사건) IMF가 터졌고, 나는 이후 여러 직업을 거칠 수밖에 없었다. 금융위기로 상경계열 전공자의 취업의 문은 더욱 좁아졌고, 이후 차선책으로 웹 붐에 편승해, 약간의 직업훈련(3개월도 못 미친)과 경력으로 치기도 민망한 경력 3개월(수습기간 이후 재계약 안 함. 지금의 인턴과 같은 병폐)

을 가지고 웹마스터로 취업을 했다.

회사의 홈페이지를 만들고 운영하고 2년 정도가 될 무렵, 웹 거품이 사그라지면서 내가 있던 회사도 구조조정의 칼날을 피할 수 없었다. 월급이 밀리고, 못 받고, 이런 사태는 내가 다니던 회사뿐만 아니라 주변에서도 흔하게 볼 수 있게 된 상황. 그래서 다시 주관 없이 안정적인 일자리가 최고라는 대부분의 사람들의 생각에 편승해 공무원 수험 생활에 돌입하지만, 영어의 기초가 없던 나는 장기수가 되기 전에 마무리를 지어야 했다.

그리고 정신이 드니 29살…. 한창 열심히 일해서 결혼자금 모으고 탄탄한 직장에서 일했다면 직급도 오르는 수준에 도달해야 할 때인데…. 아무것도 남지 않는 청년 시절. 무엇을 어떻게 해야 할까? 처음부터 시작할 수 있을까? 처음부터 시작한다 해도 다른 사람들과 얼마나 대등해질 수 있을까? 전공을 살릴 수도 없었고, 웹 쪽으로 다시 가기엔 너무 멀리 왔던…. 도대체 무슨 일을 내가 할 수 있고 해야 할까? 청소년 시절에 꿈 많고 부모님의 기대로는 똑똑했다고 믿고 계셨던 내가 이렇게 아무것도 없는 상황으로 되어 버리다니! 그리고 원점으로 돌아갔다. 이미 늦어버린 인생이라면 하고 싶은 걸 하자! 내가 하고 싶은 건 글쓰기였다. 글 쓰면서 돈을 벌 수 있는 직업을 찾아봤다. 비용이 적은 전문교육을 받고 일할 수 있는 곳으로….

스물아홉의 봄. 낮에는 시청 사회복지과 사무보조원으로, 저녁에는 기자 아카데미 수험생으로 다시 시작했다. 아카데미 수업을 받은 지 3개월 후 수료생들과 졸업작품으로 잡지를 만들 수 있었다. 취재를 나가서 사진을 찍고, 기사를 쓰고, 편집을 하고, 최소한 출판편집물을 만드는 데 필요한 부분은 습득할 수 있었다. 이미 아카데미 동기생 중에서도 나이가 많은 편에 속했던 나는 취재기자로 여러 곳에 입사지원을 했으나 면접 제의가 거의 오지 않았다.

나는 한때 웹디자이너를 한 경력으로 포토샵 그래픽 툴을 다룰 수 있었고, 편집 프로그램을 이해하고 다루는 것이 다른 사람들보다 빠른 편이었다. 그때는 생소했고 지금도 수요가 적은 편집기자로 이미 늦은 시작인 30대에 나는 날개를 펴고자 했다. 30세에 신입으로 일한다는 게 얼마나 낯 뜨거운 일인가! 6살 어린 선배에게 꼬박꼬박 선배의 호칭으로 사수를 받아야 하고, 딱딱한 조직의 신문사에서 능력으로 인정받기까지 많은 벽이 있었다.

온실 속의 화초로 살아온 나로서는, 대학 때 아르바이트조차 하지 않았던 나로서는 눈치로 감을 잡는 사회생활이란 것이 버겁고 어색했다. 하나씩 배운다는 자세로 견디고 부딪치며 경력을 쌓아왔다. 전문성을 쌓기 위해서⋯. 경력만을 쌓으면 되는 줄 알았다.

이제는 삶의 문제도 결부되기 시작했다. 결혼 적령기가 점점 지나고 있었다. 결혼할 때인데 결혼을 하지 못할까 봐 위태위태해지고, 서른 초반 때를 넘기면 처녀로서 값어치가 떨어진다는 인식, 남들처럼 그대로 따라서 살아야 한다는 틀 안에서의 조바심⋯. 나는 직업 특성상 연애할 기회와 시간에 제약이 따랐다. 편집기자의 업무시간상 평일 오후 출근, 심야에 퇴근, 일요일에 출근하는 시스템이다. 가까스로 결혼은 했으나 이후 신랑과 같이 저녁을 먹는 건 금요일과 토요일 오후뿐이었다. 앞으로 주부로 살아야 하는데 이렇게 계속 일을 하면서 살 수 있을까? 또한 늦은 나이에 시작했고, 메이저가 아닌 마이너에서 능력을 인정받기까지 앞으로 더 경력 쌓는다 해도 어느 정도 수준까지 오를 수 있을까? 편집부장까지 가는 데는 얼마나 걸

러서 갈 수 있을까? 고지에 오를 순 있는 것인가?

글을 쓰고 싶어서 시작했지만 실상 편집기자의 일은 글을 거의 쓰지 않는다. 취재기자가 쓴 기사의 제목, 헤드라인(제목을 요약하거나 재구성, 작문 실력이 약간 필요함)만 뽑는 것이다. 그리고 기사 레벨을 정해서 레이아웃을 정하고, 실제로 직접 신문을 디자인해서 만들고(기자조판), 이후 인쇄소에 넘기는 마무리 작업까지 한다. 나는 편집 디자인 능력이 떨어지는 편이 아니었다. 제목도 딱딱한 정치, 사회면보다는 문화예술면에서 시적이고 감성적인 표현을 잘 썼기에 주로 문화예술면을 맡게 되었다. 레이아웃도 좀 더 창의적이고 획기적인 표현이 가능했고 또한 잘 활용했다. 결론은 편집기자로서의 일이 내 강점을 활용하고 보람도 느낄 수 있는 일이었으나 비전이 없었고, 가정생활과 병행하기엔 너무나 무리가 있었다.

또다시 처음으로 돌아갔다. 결혼 이후 3년이 지나고 서른 중반을 바라보는 나이에 직업에 대한 고민이 또 시작되었다. 일과 가정 양립을 병행하며 내가 보람되고 즐겁게 할 수 있는 일이 도대체 어디에 있는 것일까? 건강도 돌볼 겸 잠시 하던 일을 멈추고 집에서 주부로서 전념하고자 하던 차, 낮에 집안일만 하기엔 심심해서 도서관을 들락거리면서 또다시 나를 되돌아보게 되었다. 우연히 서핑하다가 접한 '직업상담사'. 나의 일에 대해 어떤 직업을 택할지 많은 기간 방황하고, 직업으로 인해 만족할 만한 인정을 받지 못해 가슴 아팠던 내가 타인을 위해 직업을 상담한다면? 그래서 꽂혔다! 나 같은 오류를 범하지 않도록 타인을 도와주리라! 누구보다도 방황하고 혼란스럽고 힘든 상황을…. 나는 그들의 현실과 심정을 절절히 알 수 있고, 그런 내가 더욱 정성을 다해 지원해 줄 수 있을 것이다.

자격증이 학사전공을 요하지 않는다는 걸 알게 되고, 자격증을 따면 그 업계로 진출할 수 있다는 정보를 입수하고 나서 나는 자격증을 따고 이 일을 해보기로 결심했다. 비용을 최소화하기 위해 책을 사서 도서관에서 독학을 했다. 전공수준의 시험을 혼자서 하기는 쉽지 않았지만 꼭 따고 싶은 간절한 마음 때문인지, 턱걸이였지만 한 번에 붙을 수 있었다. 더구나 1차 공부를 하면서 임신 사실을 알게 되었고, 입덧을 하면서도 정해진 시간에 책을 봤다. 2차 시험이 다가올 땐 친정 아버지께서 수술을 하셔서 아직 깨어나지 못하는 상황에, 물론 극도로 위험한 상황은 아니었지만 고사장에 가야 하는 지 잠시 고민했지만 시험을 보고, 종료 시간까지 답안을 정리했다. 임신했음에도 왜 이렇게 독하게 공부를 하고 자격증을 따려고 했는지? 이 일을 꼭 해보고 싶었던 마음이 얼마나 컸으면…. 그렇게 안 좋은 상황이 있었지만 포기하지 않았던가! 내 젊은 시절에 전문직업인으로서 날개를 펼치지 못했던 것이 이후에도 가슴에 회한으로 남아 이렇게 발버둥 치며 내면에서 소리치고 있었다.

나를 인정해 주는 일을 정말 하고 싶다! 그래서 나는 그렇게 직업상담사가 되었다.

자격증만으로 실무가 가능한가?

열정 하나로 자격증을 취득한 후 직업상담 업무를 하고 싶었으나 기다림의 시간이 필요했다. 임신한 배불뚝이를 채용할 회사가 어디 있으며, 첫 출산이기에 육아에 전념할 수밖에 없는 상황이었다. 그래도 자격증을 취득한 시점이 임신 중기 때라서, 출산 전까지 자격증 이외의 다른 것들을 준비하려고 노력했다.

온라인 카페 통해서 직업상담사 전반에 대한 모든 정보를 입수했다. 전산능력 함양을 위해 MOS(마이크로소프트사에서 엑셀, 엑세스, 파워포인트, 워드의 기본문서작성 능력을 검정) 자격증을 취득했고, 교육비를 투자하면서 MBTI를 보수과정(최소한의 검사해석 자격)까지 마쳤다.

출산 이후 자녀를 돌보면서 시간이 지남에 따라 실무에 뛰어들고 싶은 마음이 간절했다. 아기의 생후 7개월 때부터 구인공고를 유심히 보기 시작했고, 면접을 보게 되었다. 나는 그동안 컴퓨터와 매킨토시만 다뤄왔기 때문에 사람을 대하면서 일해 왔던 경력, 즉 대면 서비스 혹은 전화 상담 등이 없어서 불리한 상황이었다.

'수호천사 같은 직업상담사'가 되겠다는 나를 알아봐 준 곳은 여성발전센터의 새로일하기센터였다. 정부 위탁사업을 받아서 운영하는 곳이라서 다양하게 일 경험을 쌓기는 좋은 곳이었다. 직업상담의 실무란 무엇인가? 그때는 특별히 사수란 개념이 없었다. 어깨너머로 통화하는 대화 내용, 방문 상담할 때의 태도와 알선하는 방법 등을 눈치껏 보고 습득해야만 했다. 전산시스템은 하루 정도 많이 쓰는 것들과 주의해야 할 점을 취업상담실에서 전산능력이 뛰어난 젊은 담당자에게 속성으로 배웠다. 그때 배웠던 것은 알선(구인과 구직자를 매칭)하는 법과 구직 발굴(이동상담 전담자로 대형마트와 지하철역에서 이동식 책상과 의자를 펴고 상담, 주 3회 이상 나갔던 외근 담당자)이었다. 어쩌면 가장 기본적이면서도, 가장 밑바닥의 힘든 일을 겪으면서 나는 또다시 성장했다.

직업상담의 실무라기보다는 직업상담을 위한 업무를 하게 되었고, 오는 전화를 무서워하던 20대 초반 나의 모습과 대조적으로 알선을 걸기 위해 수십 통의 전화를 먼저 걸었다. 또한 길거리에서 구직표를 받기 위해 '취업상담을 해보시는 건 어떤지?' 성큼 다가가서 먼저 말을 걸고 있었다. 그렇게 나는 변했다. 그러나 아직 구직기술 함양을 위한 이력서 자기소개서 클리닉, 직업흥미와 강점 그리고 가치관을 통한 직업상담, 꿈과 열정을 끌어내는 동기부여, 자기효능감 향상을 위한 집단상담 프로그램 운영 등…. 그런 실무를 접하고 활용하는 수준은 아니었다.

이후 둘째를 임신하게 되고 출산까지 하였다. 그리그 육아휴직 중에 우연히 구청 일자리센터의 계약직 공무원 면접에 합격되었다. 전 직장에서와는 다른 더 른 곳에서 조직생활을 경험하고 싶었고, 7시간 근무라는 시간제의 메리트 때문에 어린 자녀를 키우며 일하고 싶었다. 직간접적으로 계약직이지만 공무원의 소속으로 체계적인 조직을 경험할 수 있었고, 민원인으로 내담자를 대하며 취약계층을 만날 수 있었다. 관공서이다 보니 구직자의 초점보다는 구인업체의 관리와 발굴에 초점을 두고 있었다. 상담사들이 대소규모의 취업박람회 참여 기업을 모집하고 관리하는 시스템이어서 기업체 입장에서 직업상담을 할 수 있었다.

하지만 여기서도 깊이 있게 직업과 관련된 개인상담과 집단상담을 구현할 수 없었다. 양적으로 서비스를 제공해야 하는 한계에 부딪혔다. 딱 한 번 이력서 작성하는 법과 꿈을 찾는 동기부여 강의를 할 기회가 주어져서 내 날개가 있는지를 살짝 펼쳐 볼 수 있었을 뿐이다.

'그래, 좀 더 깊이 있는 직업상담 업무를 배울 수 있는 곳으로 찾아가 보자!'

두 곳 다 2년 이상 근무를 하다 보니 단순 반복적인 업무를 오래 하기는 힘들었다. 매번 다른 사람들을 만나고, 다른 업체들을 대하지만 내가 하는 시스템은 똑같이 다람쥐 쳇바퀴 도는 일처럼 느껴졌다. 그리하여 집단상담프로그램을 운영하기 가능한 곳에 나는 입사하게 되었다.

나의 멘토는 누구인가?

직업상담 일을 하면서 이 분야의 멘토를 끊임없이 찾아보았다. 실무를 접하면서 동료와 선배 상담사 그리고 직무교육을 가서는 강사들을 눈여겨보았다. 하지만 눈에 확 띄는 '바로 이분이다' 하는 멘토는 보이질 않았다. 내가 원하는 이 목마름을 시원하게 축일 수 있는 분이 있을까? 또한 직업상담사 자격증을 공부하면서 알게 된 상담이론과 개념들…. 실무에 사용하는 곳에서 일할 수 있을까?

나는 집단상담을 하고자 노동부 위탁 취업성공패키지 업무를 수행하는 곳으로 왔다. 개인상담을 상담실에서 30분 이상 진행하고, 참여자의 관리 기간이 길면 1년, 또한 거의 매달 집단상담프로그램을 운영하는 곳. 질적인 서비스가 이루어지지 않으면 성과를 낼 수 없는 곳이다.

이제는 직업상담이 아니라 진로상담이다

면접 때 돌발 질문을 하여 당황하게 하였던 중년의 남자 상담사를, 그분을 만남으로써 나는 진로상담이란 어떤 것인지를 배울 수 있었고, 나만의 색깔을 가진 진로상담을 할 수 있었다. 직업흥미와 강점, 가치관을 통해 직업사명을 도출할 수 있다. 그런데 이 부분은 어쩌면 직업상담이라고 볼 수 있다.

그러나 특히 내담자 개개인의 필살기로 생애진로를 설계하여 미래 장기비전을 세우고 추진할 힘을 얻게 하는 것은 분명 진로상담이다. 이는 진로상담 중에서도 깊이 있는 상담이다. 또한 자기소개 클리닉을 통해 구직기술을 함양하게 하고, 집단상담프로그램을 통해 취업에 대한 의지를 고취 시키며, 삶의 희망을 불어 넣어주는 직업상담이 아니라, 포괄적인 진로상담인 것이다.

내담자의 특성을 파악하여 본인에게 통찰을 일으키고, 희망 가지고 꿈을 향해 매진하게 하는 것, 정말 나는 이런 일을 하고 싶었다. 꿈을 찾아주고, 설계하고, 용기를 주는 일을 하고 싶어서 이곳에 온 것이다.

| 나를 이해하다

홀랜드 직업선호도 검사

커리어 컨설턴트, 직업상담사는 특히 이것이 절대적으로 필요하다고 생각한다. 그것은 자기 이해, 즉 나의 흥미, 강점 그리고 직업가치관을 깨닫는 것. 그래야 나의 일에 대한 본연의 모습과 욕구를 이해하고 앞으로 나아가야 갈 길을 정할 수가 있다. 이는 또한 전문적인 직업상담을 할 수 있도록 한다. 컨설턴트는 내담자 스스로 진정하게 본인의 내면의 모습을 통찰하도록 유도해야 한다. 왜냐하면 상담사 스스로가 통찰을 통해 깨달은 바와 같이 내담자에게도 그런 느낌과 이해를 받을 수 있도록 상담할 수 있어야 하니까.

나는 홀랜드(직업선호도)코드가 AS-예술형 및 사회형-이다. 그런데 불과 1년 전에는 AC-예술형 및 관습형-였다. AC형의 특징은 창조적인 프로젝트를 조직적으로 수행하는 것을 좋아하며 순수 예술적인 사람들보다는 덜 모험적이다. 이들의 창조성은 현실적인 것이 많이 반영되어 있으며 추진하는 활동은 반드시 끝을 보는 경향이 있다.

[직업흥미검사 결과]

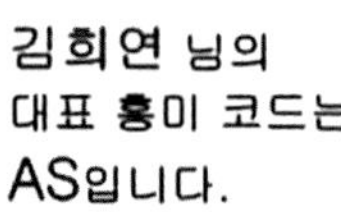

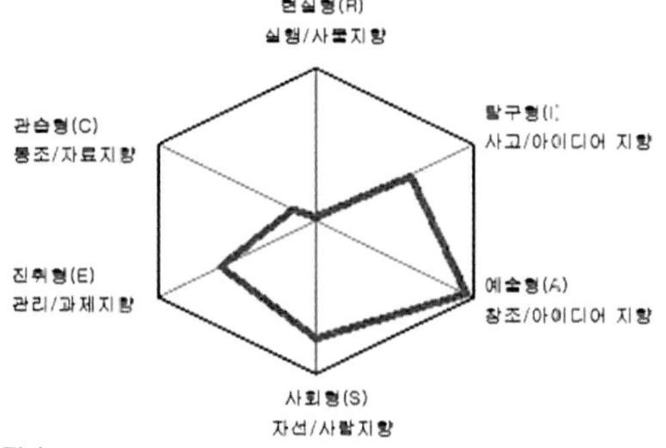

○ 직업 흥미 유형별 점수

구 분	현실형	탐구형	예술형	사회형	진취형	관습형
원 점 수	1	21	33	27	21	5
표준점수	42	82	72	67	66	41

그림 1-1. 김희연 님의 노동부 직업선호도검사 결과 흥미 6각형 모형

　그 후 이직을 하고 직업상담사가 되어서 개인상담과 집단상담을 본격적으로 수행함으로써 인간에 대한 존귀함과 사랑이 상담업무에 녹아들었다. 그래서 직업선호도 검사 결과로 AS 코드가 나타나게 된다. 이제부터 본격적으로 인간을 존중하고 사랑하는 직업상담사로서 내공이 쌓인 것이다.

　진단 결과는 시간에 따라 환경에 따라 늘 변하기 마련이다. 오히려 변화하지 않는 사람이라면 그것 또한 자신을 되돌아봐야 할 필요가 있다고 본다. 우리가 직업을 결정할 때 또는 미래의 진로를 계획하고자 할 때 한 가지 요소만을 고려하는 것이 맞다고 보는가? 홀랜드 직업선호도 검사는 내가 좋아하는 일과 일치하는 직무 환경에서 일을 하면 직무 만족도가 높고 그러면 그 분야에서 성공할 확률이 높다고 한다.

그러나 흥미는 변한다. 한 번도 해보지 않은 일에 흥미를 갖기는 어려운 일이다. 운동을 처음 배울 때도 잘 못할 때는 재미가 없지만, 어느 정도 실력이 생기게 되면 그 운동에 재미가 붙게 되고 결국 흥미를 가지게 된다. 마찬가지로 어떤 일을 비록 처음에는 생계를 위해 할 수 없이 시작할지라도 그 분야에 숙달이 되고 그동안 내가 몰랐던 지식을 습득하면 점차 흥미가 생길 수 있는 것이다. 그래서 지금까지 내가 해왔던 것이 곧 나의 강점이 되며 이는 직업적성으로 발전하게 된다.

직업을 결정할 때는 직업흥미, 직업강점, 직업가치관 이 세 가지 모두를 잘 고려하여야 최상의 꿈을 설계할 수 있다. 홀랜드 직업선호도 검사는 직업흥미를 진단할 수 있다. 그리고 직업강점은 지금까지 내가 질리도록 해왔던 것, 그래서 그 일을 무의식적으로 익숙하게 잘하여 나의 적성으로 발전한 것이다. 물론 타고난 유전적인 기질에 의해 어떤 특정한 일을 남들보다 더 잘하도록 할 수도 있고, 성인이 되기 전까지 자라온 환경이 더욱 그러한 성향을 짙게 만들 수도 있다.

나의 MBTI 성격유형

'일을 할 때 어떤 방식으로 하는가?'

같은 일을 하더라도 사람마다 특별히 선호하는 독특한 패턴이 있으며, 우리는 이를 그 사람의 '성향'이라고 말한다, 그리고 이러한 특

징의 패턴을 과학적으로 진단하여 성격유형으로 발전시킨 것이
MBTI 성격유형 검사이다. 나의 성격유형은 INTP-별칭으로 아이디어
뱅크형-이다.

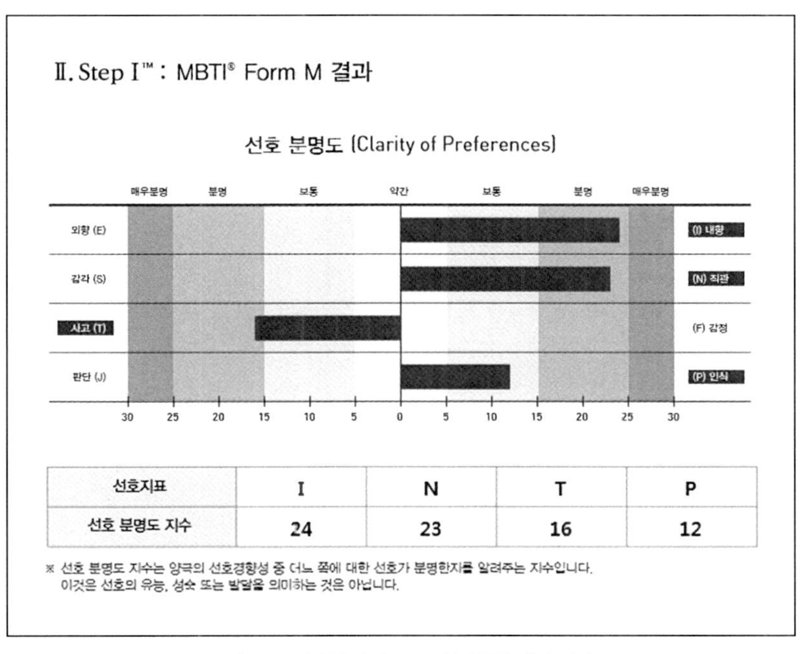

선호지표	I	N	T	P
선호 분명도 지수	24	23	16	12

그림 1-2. 김희연 님의 MBTI 성격유형 검사 결과

INTP 유형은 '비판적인' 관점을 가지고 있는 전략가'라 칭한다. 이
유형은 조용하고 과묵한 편이지만 특히 나에게 관심이 있는 분야에
대해서는 말을 잘한다. 나는 지적 호기심이 강하고 지속적이며, 그
탐구력으로 알아낸 것에 대해선 이해력이 빠른 편이다. 직관력을 지
니고 있어서 홈페이지 구성, 신문편집, 강의 PPT 구성 등 개념을 구
상하고 설계하는 일을 좋아한다. 또한 이미지화하는 작업들, 예를 들

면 시를 쓰고 상징화하는 일도 즐겨 한다. 그러나 지나칠 정도로 추상적이고 비현실적인 면이 있어서 평범한 사람들과 사교적인 부분에서 자연스럽지 못할 때도 있다. 예를 들어 또래 여자들의 소소한 잡담 등에는 별로 관심이 없다. 흔히 여자들이 관심을 많이 가지는 명품 화장품이나 가방 등에는 관심이 별로 없고 일부러 알려고 하지도 않는다. 그래서 그런 류의 수다를 떨 때는 목소리가 거의 작아지고 동참을 하기 힘들다.

추상적인 개념을 다루는 것을 좋아하며 핵심을 파악하고 사고하는 것을 즐거움이라 여긴다. 몰입할 만한 것에 빠지면 주위에서 돌아가는 일을 모를 때가 가끔 있다. 그래서 어떨 땐 오감의 촉이 항상 열려 있는 외향적 감정형들에게 사랑과 관심이 없다고 오해를 사기도 했다.

프레디저 진단

홀랜드 직업선호도 검사나 MBTI 성격유형 검사는 설문지로 인한 자기보고식 진단이기 때문에 문장이해력이 떨어지는 사람이나, 예측할 수 없는 환경-스트레스를 받거나 몸 상태가 좋지 않을 때 등-에 따라 검사 결과가 오염되는 경우가 있다. 이러한 단점을 보완하여 재미있고 손쉽게 진단할 수 있는 도구가 있다. 바로 프레디저 카드 진단이다. 프레디저는 4가지 범주-자료, 사물, 사람, 사고-로 직업흥미와 강점 그리고 직업가치까지 알 수 있는 편리하고 활용도 높은 툴이다.

그림 1-3. 김희연 님의 프레디저 직업흥미 진단 결과

프레디저로 진단한 나의 직업흥미는 자료 1개(편집하기), 사람 2개(가르치기, 상담하기), 사고 8개(아이디어내기, 다르게 보기, 글짓기, 의미찾기, 전략짜기, 생각결합하기, 문제해결하기, 음악과 미술)였다. 초록색 사고분야와 노란색 사람분야의 흥미는 홀랜드코드 AS와 일치한다. 초록색 사고분야는 탐구형과 예술형, 노란색의 사람분야는 사회형과 진취형으로 나타난다. 나는 평소에 관심 있고 좋아하는 글짓기와 음악, 미술이 포함된 초록색 분야의 탐구형과 예술형이 적절하고 균형 있게 흥미가 있는 것으로 나타났다.

이후 진단한 나의 직업강점은 사람 1개(상담하기), 자료 4개(분석하기, 편집하기, 연구하기, 정리하기/분루하기), 사고 4개(아이디어 내기, 다르게 보기, 글짓기, 의미찾기)로 나타났다. 내가 지금까지 편집기자로 글을 분석하고 요약하고, 분류하는 작업을 해왔던 것이 반영되어 있다. 직업강점은 곧 내가 잘하는 것으로써 내가 지금까지 해 와서 익숙한 것들이 포함된다.

그림 1-4. 김희연 님의 프레디저 직업강점 진단 결과

프레디저를 활용한 직업가치 진단은 직업흥미에 나온 카드에서 3장을 뽑아서 스토리로 구성을 한다. 프레디저 카드의 앞면을 보고 뽑는 것이 아니고, 뒤집어서 글자가 보이지 않는 뒷면의 이미지를 내 나름대로 구성할 수 있고, 무의식적으로 끌리는 이미지를 고른다.

그림 1-5. 김희연 님의 프레디저 직업가치 진단 결과

내가 고른 세 장의 카드 그림의 의미는 아래와 같다.

- 가슴 아픈 상처를 상담을 통해 치유해주기
- 실존의 궁극적 메시지를 글로 표현하기
- 삶의 여러 가지 다양한 감정, 생각을 보고 느끼고 통찰하여 반영하기

위의 세 가지 의미를 토대로 스토리를 구성해 보았다.

"세상을 살아가면서 타인이 느끼는 진로에 대한 다양한 고통과 상처를 나의 글과 상담을 통해 치유하고 비전을 제시하기"

장기비전을 가지자! 생애진로설계

이제는 나의 진로를 단편적인 현재의 모습, 단기적인 목표 세우기에 국한하지 않고 장기적인 안목에서 조망할 필요가 있었다. 나의 직업흥미와 강점 그리고 직업가치를 통합하여 단기, 중기, 장기적으르 내가 어떻게 나아가야 하는지? 구조적이면서 체계적으로 큰 그림을 그려야 했다. 다시 한 번 내가 가진 자원과 내가 현재 원하는 것을 직업옵션으로 정리해 보았다.

직업가치	세상을 살아가면서 타인이 느끼는 진로에 대한 다양한 고통과 상처를 나의 글과 상담을 통해 치유하고 비전을 제시하기		
직업흥미		**직업 강점**	
평소부터 생각하셨던 하고 싶은 일	전문강사	전공 및 일 경험	편집기자
	진로상담전문가		웹마스터
	작가 및 강사		금융보험학
홀랜드 추천직업	상담심리사	보유 자격증 나의 강점	직업상담사
	사회과학자		정보처리기능사
	구성작가		
직업흥미 진단결과	상담 및 코칭	직업강점 진단결과	글쓰기
	의미찾기		편집하기
	미술 및 디자인		발표하기

그러면 앞으로 나는 어떠한 삶을 원하는가! 직업과 관련된 부분이 아니더라도 생애설계를 위해서 나는 내가 하고 싶은 꿈 목록을 적어보았다. 그리고 이를 마법의 생애진로설계도에 하나씩 대입하여 작성하였다.

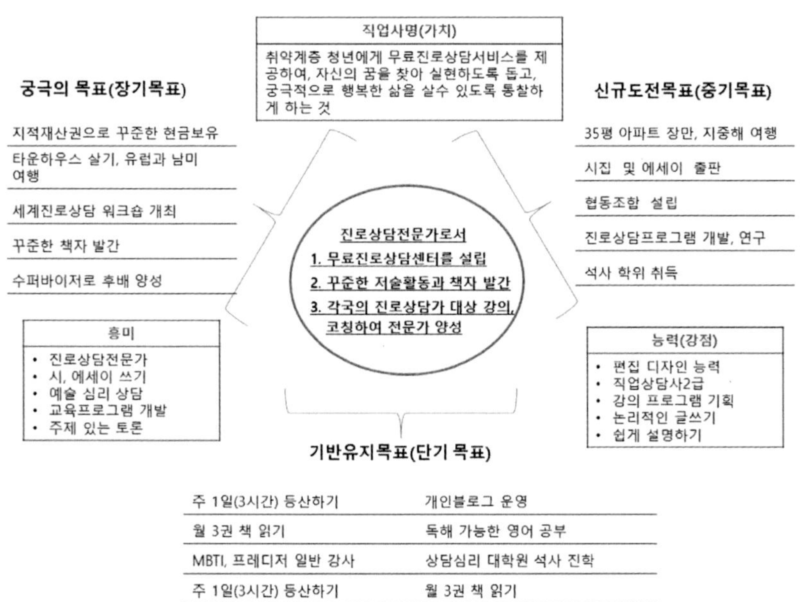

지금 이 글을 적으면서도 나는 또 한 번 놀란다. 내가 바라고 원했던 나의 미래의 꿈이 이루어지고 있음을 깨닫기 때문이다. 스피노자는 이런 말을 했다.

"미래에 일어날 일은 반드시 일어나게 되어 있고 일어나지 않을 일은 절대로 일어나지 않으니 무언가 할까 말까 망설이며 두려움에 떨지 말고 하고 싶은 일이 있으면 저질러 버려라"

아마 이 말을 구스타프 에펠도 되뇌었던 것 같다. 프랑스 혁명 100주년 기념으로 높이 300m의 에펠탑을 건설할 당시에는 최초로 시도하는 재질과 공법을 사용하기 때문에 실현 가능성에 대해서 의문이 많았다. 그러나 에펠은 3년 전에 상상 속으로 그린 그림을 현실화하였다. 상상 속의 구상을 정교하고 구체적으로 설계하고 난 후에는 실행하고자 했던 꿈은 이미 와 있는 현재의 시간이 되었다. 마지막으로 완성된 에펠탑의 모습은 상상의 모습과 정확히 똑같았다!

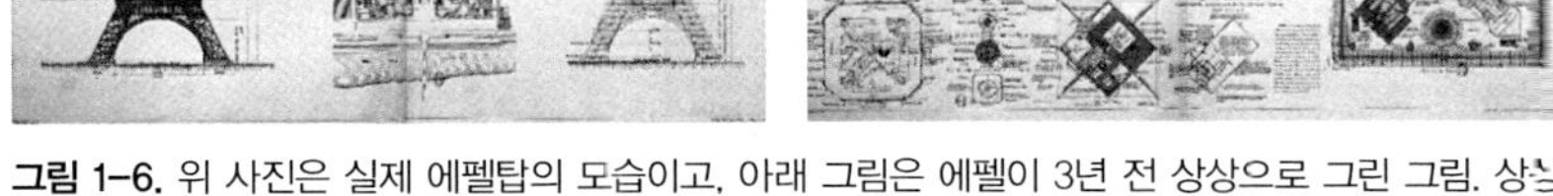

그림 1-6. 위 사진은 실제 에펠탑의 모습이고, 아래 그림은 에펠이 3년 전 상상으로 그린 그림. 상상한 대로 실물이 완성되었음을 알 수 있다.

또한 우리나라의 옛 위인 중 고산자 김정호 선생을 보라! 잘못된 지도 때문에 죽음을 당한 아버지… 그러한 이유로 누구나 쉽고 정확하게 볼 수 있는 지도를 만들려고 하는 본인 만의 투철한 직업가치가 뼈에 사무치도록 각인되었다. 그리고 이후 실측과 같은 지도를 만들려는 수많은 현실화 작업을 통해, 계획된 인고의 산물이 눈앞에서 실현되는 것을 볼 수 있었다. 몰입으로 이루어진 성취감이 또 다른 지도를 만들게 된 원동력이 되었다. 고산자 김정호 선생은, 세계가 놀랄만한 지도(대동여지도)를 마침내 만들 수 있었다. 미래에 이루고자 하는 통합비전이 결국 완성되어 황홀한 빛을 뿜어낸 것이다.

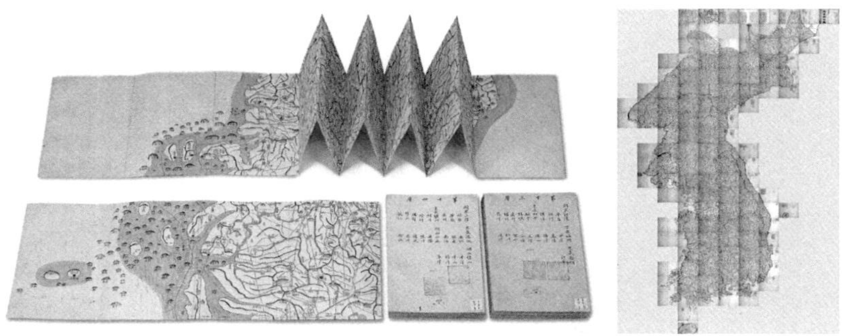

그림 1-7. 고산자 김정호 선생의 대동여지도

| 더 높은 곳을 향하여

직업사명 없이 성장하기는 힘들다

카니자 삼각형으로 도출되는 생애진로설계의 구체적인 지도가 완성되었을 때 내 인생의 후반기 목표와 방향점이 뚜렷이 보였다. 내가 그렇게 깨닫고 비전을 완성함으로써 확고해진 목표는 이제 실현되기 위해 나의 내적인 원동력간이 남아 있었다. 직업상담사 자격증 붐이 일어난 시점은 IMF 직후였다. IMF는 아마 직업상담사뿐만 아니라 다른 어떤 자격증도 취득하려는 욕구를 증가시켰을 것이다. 그런테 직업상담사 자격증을 취득하고 나서도 실무에 써보지 못한 사람들이 의외로 많다는 사실…. 흔히 말하는 장롱면허로 썩히는 경우가 많다.

그건 어떤 자격증이든 자격 자체만 취득하고 나서 실무 경험이 받쳐주지 못하면 그 활용가치를 발휘할 수 없는 이치와 같다. 그럼에도 사람들은 미래에 대한 불안으로, 본인의 통합비전과 상관없이 자격증을 따려고 한다. 생애진로설계가 되어 있는 경우 그런 불필요한 액세서리용으로 따는 자격증은 최소화될 것이다. 또한 에너지를 분산

시키며 방황하는 시간과 비용은 거의 사라질 것이다.

직업상담사 자격증을 취득하고 재취업을 하려고 면접을 봤던 경력 단절 여성의 경우 결혼과 출산, 육아 전에 근무하면서 받았던 급여와 차이가 많이 나서 실망을 했던 적이 있을 것이다. 나의 경우도 경력직 편집기자로 일했던 급여의 절반 수준(그 당시 최저임금)을 감내하면서 직업상담사로서 경력을 쌓기 위해 처음으로 돌아갔다. 시그모이드 곡선에서 나는 전환점을 맞이하기 위해서 하강에 과감히 도전했던 것이다.

2010년 당시 직업상담사로 첫발을 내디뎠을 때, 나는 직업상담 업무의 가장 기본인 구인구직 발굴, 특히 이동상담 전담자로서 활동했다. 세련된 용어로 구직 발굴이라고 할 수 있다. 이동식 테이블을 펴놓고 길에 지나가는 불특정 다수의 구직자(구직자가 아닐 수도 있는 상황)의 개인정보를 얻어내고 취업상담을 했다. 지하철역과 대형마트 담당자에게 일정과 장소를 일일이 전화로 직접 의뢰했고, 담당자로서 주 4회까지 나가는 날도 있었다. 초기 전담자라서 기준이 없었기에 덥거나 추위도 감내해야 했다.

이동상담을 하기 위해 홍보용 리플릿만으로는 받는 사람들이 없기에, 볼펜이라도 끼워서 나눠주며 홍보를 해야 했고, 이동상담을 나가는 날은 들고 다니는 짐이 많았다. 책상과 의자 3개, 홍보용 리플릿과 기념품들…. 그리고 차량 지원이 잘 안 되어서 대부분 버스나 택시를 탔다. 가장 힘들었던 때는 둘째 임신 3개월 때, 임신했음을 상사에게 밝혔음에도 다음 날 무거운 짐을 들고 나가라고 했을 때…. 조직생활에 완벽하게 순응하기 위해서였을까? 나는 제고해 달라는 의견도 내지 못한 채 불합리하다고 생각했지만 받아들였다. 지금 생각하면 최소한의 근로자의 권리는 주장했어야 했다.

　여러 번 직업을 바꾸고, 회사 또한 자주 옮겨 다닌 탓에 이제는 내 능력과 실력과 책임감을 인정받고 싶었던 것 같다. 어쩌면 오기로 코란 듯이 나갔다. 여자의 적은 여자라고 했던가. 직업상담사는 여자들이 대부분이고, 기관이나 회사의 상급체계도 대부분 여성들이 관리한다. 오히려 여자들이 일 가정 양립이란 부분에서 더 배려를 하고 이해를 해줄 법도 하지만 부딪히는 현실의 문제는 전혀 달랐다.

　워킹맘으로서, 특기 자녀가 어릴 때 마음 놓고 일을 할 수 있는 환경이란 결국 양가 부모님이나 친척분들의 손길이 가장 안전하다고 판단한다. 보육시설 만을 전적으로 의지할 수 없는 상황인 것이다. 급할 때 돌봐 줄 혈육이 없다면 신뢰할만한 분을 찾는다는 건 정갈 행운이라고 생각한다.

　또한 직업상담사들은 늘 실적의 압박을 받는다. 정부사업을 위촉받아 운영되거나, 관공서 일자리센터의 경우는 알선으로 인한 취업률 상승 등 눈에 보이는 성과가 나타나야 한다. 순수한 진로상담의 목적은 변질되어 직업상담이 사무적으로 변하거나 혹은 영업적으로 왜곡되는 느낌을 지울 수가 없다. 이러한 여러 가지 우여곡절 많은 상황과 사연 속에서 나는 왜 이 직업을 고수하면서 여기까지 올 수 있었는가?

　그렇다. 그것은 정녕 나의 직업사명이 나를 여기까지 이끌고 힘을 내게 하는 원동력이라고 말하고 싶다. 굳건한 직업에 대한 가치관이 정립되지 않고서는 경력을 쌓고 직무역량을 계발하지 못한다. 이제 내 안의 순수한 내면의 일의 욕구를 파악하는 생애진로설계도를 작성하게 됨으로써 나는 목표를 향해 날아갈 수 있었다.

그림 1-8. 미술상담 기법 중 나를 표현했던 콜라주 – 태양을 향해 바다를 건너 날아가고픈 나

나의 직업흥미와 직업강점의 양 날개를 주축으로 직업가치를 지표로 삼아서 힘차게 날아가려고 한다. 미래의 직업사명, 즉 통합 비전을 통찰하게 됨으로써 나는 비로소 굳건해지고 에너지가 한 곳으로 모아졌다. 지금으로부터 준비해야 할 것이 단기, 중기, 장기적으로 체계적인 큰 그림으로 그려졌다. 더불어 나의 자기효능감은 한 단계 올라와 있었다. 이 모든 우주의 에너지가 나의 꿈, 선한 의지 즉 공헌력을 품은 계획을 응원해 주리라 믿게 되었다.

나는 취약하여 진정한 진로상담을 못 받는 사람들에게 진로상담 서비스를 제공할 것이며, 희망의 빛을 찾을 수 있도록 돕고 싶다. 이것이 정녕 내가 아니면 할 수 없는 일-주특기라고 하기도 하고, 필살기라고도 함-이고, 내가 가장 잘하고, 하고 싶고, 해야만 하는 일, 즉 나의 직업사명인 것이다.

나는 진로상담의 필요성을 그 누구보다 뼈 아프게 절감했던 사람
이다. 그리고 직업상담사로 다양한 업무-여성발전센터, 자치구 일자
리센터, 취업성공패키지 위탁업체 근무-를 경험했다. 나의 흥미과 강
점은 진로분야에 개인상담과 집단상담을 효율적이고 잘 활용할 수
있다. 그리고 직업가치 또한 진로상담 분야의 희망의 빛이 되길 간절
히 원한다.

과거의 경험과 굴곡진 삶이 조금씩 노력하는 삶으로 이끌어왔으며,
직업상담을 통해 직업을 중요하게 여기고 사람을 사랑하는 마음이 우
러나게 되었다. 통합적으로 깨닫게 되고 확고하게 굳어지는 내 미래의
비전이 지금 자정이 넘는 시간에도 또한 글을 쓰게 만들고 있다.

전문성에 투자하라

현행 직업상담사 자격증을 취득함에 있어 학사 전공자가 관련-교육
학, 사회복지학, 상담 및 심리학-학과가 아니어도 고등학교 졸업 이상
이면 누구나 취득이 가능하다. 하지만 현업에서 업무를 수행할 때
전공을 했으면 실무에 도움이 될 것이라는 아쉬움이 컸었다. 특히 관
련 전공이 아닌 상황에서 자격증 공부를 하는 것도 어려울 뿐만 아
니라, 실무에서 업무역량을 넓히고 활용하고자 할 때 한계에 부딪혔
다. 그리고 실제 취업시장에서, 예를 들어 대학창조일자리센터에는
관련 전공을 보기 때문에 자격증과 경력만으로는 나의 전문성을 어
필하기가 힘들었다.

나는 경력 4년 차가 도면서 또 다시 전공에 대한 그민을 시작하게

되었다. 특히 직업상담이라는 상담이 붙는 업을 하는데 상담의 전문성이 어떤 것인지 의문을 가지기 시작했다. 그렇게 고민을 시작한 이후 3년이 지난 시점, 갈망하였던 상담을 배울 수 있는 곳으로 이제 첫걸음을 내딛게 되었다.

슈퍼비전 없는 직업상담! 직업상담사의 미래는?

미국의 경우 심리상담 분야와 커리어상담 분야가 양대 축을 이루고 발전해 왔다. 우리나라의 경우는 심리상담 분야에 진로상담이 속해 있으며 직업상담과는 별개로 취급되어 왔다. 진로상담 분야에서 직업상담은 상담의 정통성이 아직까지는 미비하다고 보여진다. 탁월하게 유명하거나 권위 있는 슈퍼바이저, 체계적인 수련시스템은 거의 존재하고 있지 않다.

자격증 취득 후 현업에 종사하며 이후 전문성을 살리고자 체계적인 학업을 유지하게 되는 나 같은 직업상담사의 슈퍼바이저는 누구인가? 이 분야에서 멘토를 삼고자 많은 강사들과 교수들을 눈여겨보았다. 물론 존경할 분들도 계셨지만 지속적으로 진로상담(직업상담)으로 슈퍼비전을 받을 분은 아직까지 찾지를 못했다. 작고하신 구본형 변화경영컨설턴트를 뵈었으면 슈퍼비전을 받고 싶지만 지금은 계시지 않기에 그분의 글만 깨달음을 줄 뿐이다.

직업상담사들은 슈퍼바이저를 찾아야 한다. 그리고 슈퍼비전을 받아야 한다. 경력 1년 차와 경력 5년 차 그리고 10년 차가 별반 다름없는 직업인을 만들 것인가? 우리도 심리상담사들과 마찬가지로 수련과 자기계발과 성장을 향한 노력을 해야 하지 않는가?

진로상담과 접목한 미술치료

  내면의 욕구를 파악하는 상담사가 되고, 그런 상담을 통해 발현된 내담자의 감동이 나에게 다시 에너지원으로 피드백 되어 돌아온다. 내면의 욕구는 어쩌면 무의식과 닿아 있는 부분이다. 무의식으로 통하는 길이 이성적 사고에 의해 표현되는 언어로는 어색하고 부자연스러울 수도 있다. 최근에 미술치료를 통해 나를 표현해 보았다.

  나는 나를 표현하고 정화하며 해소하는 성향이 예술성과 탐구형으로 나타난다. 에니어그램의 5번 사색가(탐구형)이며, 4번 예술가(예술형)의 날개를 펴고 있다. 평소 지적 호기심이 많고 가끔은 에피소드나 시를 즐겨 쓰기를 좋아하는 나의 성향을 잘 꿰뚫었다.

그림 1-9. 미술상담 기법 중 나를 표현했던 9분할법

실행되는 나의 꿈들

뱃사공부터 시작하여 상점 점원, 의용군대장, 우체국장, 주의회의원, 변호사 그리고 대통령이 되었던 링컨…. 여러 직업을 거쳐 변화되고, 자아실현을 이룬 링컨처럼 나의 지난 경험이 소중한 성숙의 자산이 됨을 깊이 깨닫게 되었다.

그림 1-10. 미술상담 기법 중 10년 후 나의 미래―직업과 자아

앞으로 나는 무지개 물고기처럼 나의 자원이자 역량을 나눠주고자 한다. 아름답게 빛나는 은빛 비늘을 내 살을 떼어내는 조그마한 아픔도 잊은 채 북극성을 찾아주고자 한다. 생애진로설계 프로그램을 통해 더욱 확고하게 나의 직업사명을 깨달았다. 이제 실천만이 남아 있다. 이 글을 마무리하는 것도 실천의 한 부분이 되었다.

그림 1-11. 우리가 가진 아름다운 공헌력/나눔의 실천
― 무지개 비늘을 가진 물고기처럼 하나씩 나눠주자!

코넬 대학에서 노인들을 대상으로 "지나온 삶에 얼마나 만족하는 가?"에 대해 설문조사를 했다. 압도적으로 많은 대답은 그들이 평생 원했던 것을 하지 않은 것에 대해 후회한다고 했다. 그들이 후회한 것은 대담하게 도전했던 모험이 아니라 도전하지 않고 피했던 모험이었다.

모든 사람들이 다 똑같이 느끼지 않는 나만의 유일무이, 특별하게 '이 일을 꼭 해야겠다', '이것을 꼭 이루고 싶다'라는 것을 찾았는가? 극성을 찾기 위해, 그 꿈을 실현하기 위해 고요한 이 밤, 가슴 먹먹하게, 두 손 모아 간절히 기도한다.

그림 1-12. 독수리의 비상

미운 오리 새끼는 독수리가 되다

최근에 만난 신참 직업상담사 '샛별' 그녀에게 주는 희망의 메시지

이립이 되도록

가슴 뛰는 일을 찾지 못하여

무미건조하게 삶을 살았던 샛별

다양한 성공경험의 기쁨을 누리지 못한 채

희뿌연 안개 가득

낯설고 두려운 미래를 더듬더듬 걸어왔구나!

움츠리고 아파하며 두려움에 떨었던 지난날

미운 오리 새끼가 아닌

당신은 날개를 편 백조이자

힘차게 날 수 있는 독수리임을 깨달아야 해

샛별!
이제부터는 자신의 아름다운 날개를 활짝 펼 수 있어
눈을 감고, 황홀하게 그날을 마음껏 상상해 봐!

뜨거운 열정으로
긴 밤을 지새우도록 몰입하고
온 마음 사랑을 담아
당신의 한판승 펀치를 날리길…

당신의 혼을 담아
힘찬 발걸음 한 걸음 한 걸음 차분히 걷기를
당신의 뒤에선
쓰러지면 받쳐줄 든든한 선배가 있음을 기억하길

샛별!
미운 오리 새끼 시절의 그 암흑의 모습이
이 글을 쓰는 바로 나의 지난 모습임을 고백할게

자신의 몸보다 몇 배나 더 웅대하게
누구보다 더 높이 날 수 있는 독수리가 되길
지금 너를 응원하고 격려한다
사랑한다… 샛별

진로상담의 이해

진로는 직업보다 폭넓은 개념으로서
개인이 일생 동안 추구해 온 일의 총칭을 의미한다.
한 개인이 일생 동안 참여하는 직업적 일,
여가, 가정생활 등을 포괄하는 생활양식
전반을 뜻하는 개념이다.

| 진로상담이란?

세 가지 존재적 질문

인류의 문명이 태동한 이래로 끊임없이 제기해왔던 존재적 질문이 세 가지 있다. 이 질문에 대한 답을 구하기 위해 인류의 위대한 스승들, 학자들, 종교지도자들이 자신의 삶을 바쳤으며 수많은 경전과 예술, 책자를 통하여 진리의 이름으로 이를 가르쳐 왔다.

1. 나는 누구인가?
2. 나는 어디에서 왔는가?
3. 내가 이 세상에 태어난 목적은 무엇인가?

진로상담은 이 세 가지 질문에 대한 답을 찾아가는 과정이다.

진로상담의 목적

직업상담사: 어떤 직장에 취직하고 싶으세요?

구직자: 글쎄요, 월 200만 원 정도 받으면 경제적으로 안정될 거 같아요.
그리고 오랫동안 다닐 수 있었으면 해요.

통상 직업상담 현장에서 많은 구직자들은 아래 2가지 조건을 충족하는 직장을 원한다.

1. 월 200만 원만 받았으면….
2. 오랫동안 다닐 수 있었으면….

첫 번째 조건은 지금 성활에 필요한 최소한도의 경제적 욕구를 충족하고 싶은 욕구이다. 두 번째 조건은 그러한 경제적인 욕구 충족이 일회성이 아니라 지속되기를 바라는 욕구이다. 이를 매슬로우의 욕구 5단계와 결부시켜 보면 첫 번째는 생존의 욕구이고 두 번째는 안정의 욕구이다.

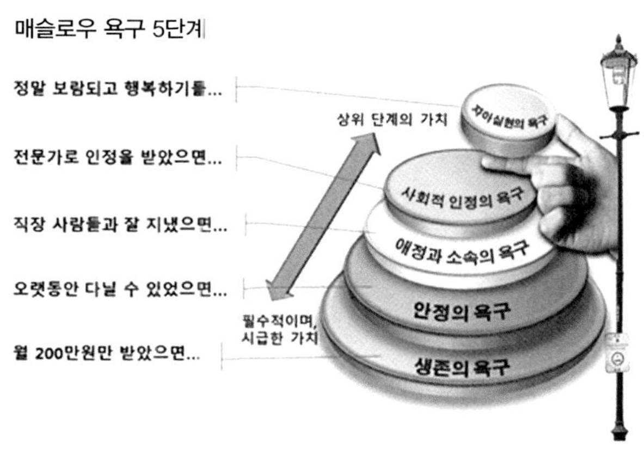

그림 2-1. 매슬로우 욕구 5단계를 직업 선택과 관련하여 표현

한 구직자가 위 두 가지 욕구가 충족되는 직장에 들어갔다고 가정해 보자. 그러면 그는 욕구가 충족되었기 때문에 그의 바람대로 오래 직장에 다니는가? 통계에 의하면 대부분의 사람들이 직장을 그만두는 이유는 같이 일하는 사람들과의 관계 속에서 스트레스를 너무 많이 받기 때문이었다. 아무리 급여가 많고 정규직이어도 직장 내 상하관계 및 동료관계에서 힘든 상태에 있다면 오랫동안 그것을 감수하며 다닐 사람은 그리 많지 않다. 그러면 또 다른 세 번째 욕구를 생각해야 한다.

3. 직장동료들과 잘 지냈으면….

이는 매슬로우 욕구 위계에 의하면 애정과 소속의 욕구이다. 그러나 이 욕구가 충족된다고 해서 직장에 만족하면서 장기 근속하는 것은 아니다. 예를 들어 미용실에 취직한 한 미용사가 있다고 가정하자. 그(녀)는 헤어디자이너 경력자로서 월 200만 원을 받는 정규직 사원이다. 그리고 동료와의 관계도 원만하고 인간관계에서 별문제가 없다. 그런데 고객들은 기왕이면 옆의 미용사에게 머리를 맡기고 싶어 한다. 왜냐하면 그 미용사가 우리 주인공 미용사보다 더 실력이 좋기 때문이다. 다시 말해 우리 주인공 미용사는 전문적인 영역에서 인정을 받지 못하고 있다. 그렇다면 항상 실력이 비교되는 그 직장에서 오래 다닐 수 있을까? 여기서 다시 네 번째 질문이 필요하게 된다.

4. 전문가로 인정을 받았으면….

이는 매슬로우 욕구 4단계 사회적 인정의 욕구이다. 처음에는 생존의 욕구와 안정의 욕구에 의해 직장을 구하지만 결국 그 사람이 장기근속하게 하는 힘은 인간관계와 전문가로서 직장에서의 인정에 기인한다. 하지만 여기서 끝이 아니다. 필자는 직업군인으로 26년간 군에서 장교로 복무를 하였다. 직업공무원으로 비교적 높은 연봉과 안정된 자리가 보장되고 동료들과의 관계도 원만하였으며 전문가로서 인정도 받았다. 그러나 출근하는 하루하루가 마음이 편하지 않았으며 다른 일을 하고 싶다는 생각이 직장생활 하는 내내 떠나질 않았다. 그 이유는 내가 하는 일에서 기쁨과 보람을 느끼고 싶은데 그렇지 못하다는 데 있다.

혹자는 '직장에 들어가 조직생활을 하는데 어떻게 자기 입맛에 갖기를 바라는가?' 하고 그러한 욕구 자체가 비현실적이라고 지적하는 사람도 있다. 물론 그 말도 맞는 말이다. 그래서 필자도 26년이나 그 직장을 떠나지 못하였으니까. 그러나 어느 순간 '남은 생도 이렇게 살아야 하나?' 하는 의문이 들었으며 결국은 전직을 하기로 결심하고 과감히 퇴직을 하였다. 또한 현대는 직업세계가 변화하고 있다. 과거에 생계의 수단으로 직업을 선택하였다면 이제는 자아실현을 위하여 직업을 선택한다. 평생직장의 개념에서 평생직업의 개념으로 변하고 있다. 이러한 변화의 흐름을 고려할 때 우리는 다섯 번째 질문을 하게 된다.

5. 그 일을 하면 당신은 보람되고 행복한가?

이제 우리는 진로상담의 현장에서 어디에 초점을 맞추어야 하는지를 알게 되었다. 궁극적으로는 '그 일을 하면 보람되고 행복한가?', 다시 말하여 자아실현의 욕구에 초점을 맞추어야 한다. 물론 지금 당장 그러한 일을 바로 시작할 수 있는 것은 아니다. 개인의 역량에 따라 그 일을 바로 할 수 있는 사람이 있는 반면, 5년 후, 10년 후 중장기 목표로 그 일을 정하고 꾸준히 역량을 개발해야만 달성 가능한 사람도 있을 것이다.

진로상담사는 한 개인이 자신이 궁극적으로 원하는 일을 이룰 수 있도록 전 생애에 걸쳐 그가 가야 할 경력목표, 즉 진로를 설계하여 주어야 한다. 이러한 설계를 생애진로설계(Life Career Plan)라 한다. 인간의 생애진로발달은 생애 주기에 따라 변화, 발달하는 것으로 전 생애에 걸친 자기발달이다. 진로설계는 생애의 전 단계에 걸쳐 끊임없이 사람들의 욕구를 만족시킬 수 있도록 설계되어야 한다. 진로상담의 목적은 궁극적으로 개인의 자아실현의 욕구를 충족시키는 것이다. 그리고 개인이 자기 인식의 확장을 통하여 자신의 잠재력을 실현할 수 있도록 돕는 것이다.

진로상담의 세 가지 원칙

『메가트렌드 2010』이라는 책에는 미국 경영 월간지 〈패스트컴퍼니〉의 사명 선언문이 있다. 〈패스트컴퍼니〉는 우리나라의 〈머니〉나 〈이코노미CEO〉 같은 경제 관련 잡지사 이름인데, 이 회사의 사명 선언문은 "우리는 일(Job)이 단순히 돈벌이의 수단이라고 생각하지 않는다. 일(Job)이란 완전하게 이해한 자기 자신의 궁극적인 표현이다."

라고 되어 있다. 얼마 전까지만 해도 직업은 경제적인 관점에서만 바라보아 생계를 해결하는 수단으로 인식되었다. 물론 지금도 직업이 생계를 해결하는 주수단으로 기능하고 있는 것은 사실이다. 그러나 지금은 직업이 자신을 표현하고 자신을 실현하는 수단으로 점차 인식의 확장이 되어가고 있는 중이다.

스위스의 생물학자 아돌프 포르트만은 자신의 저서 『동물의 형태 Die Thergestalt』에서 "생명은 승리의 과정을 통해 최선의 형상을 이루기 위해 태어나는 것이 아니라 그저 눈에 보이기 위해 태어나는 것"이라고 했다. 즉, 살아있는 것이 자유롭게 떠오른 착상을 어떤 틀에도 구애받지 않고 마음껏 드러낸 표현인 것이다. 생명에게는 단순히 생존하고 번식을 통해 자기를 보존하려는 욕구 이상의 욕구가 있다. 그것은 바로 자기표현의 욕구이다. 마찬가지로 인간도 이러한 욕구가 있다. 오히려 이 세상 어떠한 생명보다도 더 강하게 있다. 여기서 진로상담의 전제로서 첫 번째로 이해해야 할 원칙이 생겨난다.

1. 인간은 스스로를 능동적으로 표현하고자 한다.

인간은 무엇을 통하여 스스로를 표현할까? 동물들은 자신의 생김새로 표현한다. 아마도 인간은 자신의 행동이나 말로 자기 자신을 표현할 것이다. 그러나 사회적으로 자신을 표현하고 사회에서 인정하는 공인된 형태는 결국 직업이다. 그래서 두 번째로 이해해야 할 원칙이 생겨난다.

2. 인간은 직업을 통해 자신을 표현하고 궁극적으로 실현한다.

오늘날 현대 문명사회에서는 누구나 자신의 직업을 선택할 수 있다. 그러나 얼마 전까지만 해도 인간에게는 직업 선택의 자유가 없었다. 신분사회로 대변되는 고대나 중세 봉건사회에서 직업은 사회적으로 주어지는 것이었다. 그때 직업은 곧 그 사람의 신분을 대변하였다. 근대 산업화사회에 들어서면서 신분사회가 붕괴되고 직업이 다양해지면서 비로소 사람들은 직업을 선택할 수 있었다. 물론 좋은 부모 아래서 물심양면으로 적극적인 지원을 받는 아이들은 선택의 폭이 넓은 반면, 가난하고 무능한 부모 밑에서 자라는 아이들은 선택의 폭이 좁을 수밖에 없다. 그렇지만 인생이라는 긴 여정 속에서 모든 장애는 극복 가능하며 누구라도 본인의 노력 여하에 따라서 자신이 원하는 결과를 나타낼 수 있을 것이다. 여기서 진로상담의 세 번째 원칙이 생겨난다.

3. 인간은 자신을 실현할 수 있는 창조적인 존재이다.

인간이 창조를 할 수 있다는 것은 '신이 인간을 자신과 닮은 형상으로 창조하였다'는 뜻이다. 지구 만물 중에 유일하게 창조를 할 수 있는 존재가 인간이다. 모든 피조물들은 자연의 법칙대로 움직인다. 동물들이 아무리 사납고 서로 투쟁하고 성행위를 하더라도 종족의 번식과 생태계의 유지라는 자연의 규칙을 깨면서까지 무절제하게 행동하지 않는다. 오직 인간만이 자연의 법칙을 거스르면서 자신의 욕망을 채우기 위해 무절제한 행위를 한다.

이는 인간이 곧 비자연적이라는 뜻이다. 이것은 다른 말로 하면 예측이 불가능하다는 뜻이다. 물론 행동주의 심리학에서는 상황에 따라 대부분의 사람들이 선택하는 행동은 유사하므로 예측 가능하다고 한다. 그러나 그것은 보편적인 상황에서 대부분 그러하다는 것이지 모두가 다 그렇다는 것은 아니다. 분명히 예측을 넘어서는 행위를 하는 개인은 예외적으로 언제나 존재하며, 이는 곧 인간은 예측을 넘어서는 선택을 누구라도 할 수 있다는 것이다.

여기에 진로상담의 대원칙이 존재한다. 인간은 누구나 자신의 미래를 알고 싶어 한다. 그래서 많은 사람들은 점을 보러 가고 사주팔자를 본다. 그러나 인간의 미래는 정해지지 않았다. 만일 미래가 예측 가능하고 정해져 있다면 진로상담을 할 것이 아니라 점을 쳐야 할 것이다. 인간은 자신의 미래를 창조할 수 있는 존재이다. 당신의 미래를 알고 싶은가? 그러면 당신이 되고 싶은 미래를 그려라. 그리고 그 미래를 당신의 현실이 되게 하기 위해 당신은 어떠한 선택을 하겠는가? 이것이 진로상담이다.

인간은 실제로 매일 새로운 우주를 창조하고 있다. 양자물리학에서는 현재의 입자는 수많은 과거의 경로 중에 한 경로를 선택한다고 말한다. 인간은 아침에 눈을 뜨면서 현재의 나를 선택하면서 무수히 많은 과거의 경로 중 한 가지 과거를 선택한다. 즉 어제의 삶의 연속선상에서 지금의 내가 존재하는 것이 아니라 지금 선택한 나에게 적합한 과거를 재구성해서 선택하는 것이다. 마찬가지로 미래도 무수히 많은 미래의 가능성 중 하나를 선택한다. 우리가 보고 느끼는 우주가 실제가 아니라 우리 두뇌가 만든 세상이고, 우리의 몸과 두뇌 또한 실제가 아니라 우리 의식이 만든 것이라면 매일 새로운 우주를 선택한다는 것은 놀랄 일도 아니다.

| 진로상담의 세계관

진로상담은 모든 가능성을 허용한다

구직자:　　　제 나이가 50이 넘었는데 이 나이에 무엇을 할 수 있을까요?

직업상담사: 흠, 어떤 일을 하고 싶으신데요?

구직자:　　　글쎄요. 젊었을 때는 비행기 조종사가 되는 것이 꿈이었는데 지금
　　　　　　　이 나이에는 불가능하지요. 그전에 일하던 분야로 이력서를 넣어
　　　　　　　도 오라는 곳은 없네요. 정말 이제는 할 수 있는 일이 거의 없는 것
　　　　　　　같아요.

정말로 그 구직자는 나이 50에 비행기 조종사가 될 수 없을까? 구직자뿐만 아니라 상담사 스스로도 '그것은 비현실적인 목표이고 될 수 없다'고 말한다. 그러나 사실 상담사 혹은 구직자가 될 수 없다고 말하는 것을 정확하게 다시 말하면 그 구직자는 나이 50에 비행기 조종사로 취직할 수 없다는 뜻이다. 그런데 될 수 있다고 생각하고 기적이 일어난다고 상상을 해보면?

만약 그 구직자가 로또에 당첨되어서 엄청난 부자가 되었다고 상

상해 보자. 그 구직자는 평생의 꿈이 비행기를 조종하는 것이었다. 그는 자가용 비행기를 한 대 산다. 그리고 전용 조종사를 두고 매일 같이 연습을 하면서 조종을 배운다. 그러면 어느 순간에 숙달된 조종사의 코치를 받으며 자신이 직접 자신의 비행기를 조종할 수 있을 것이다.

이래도 그 구직자의 꿈이 불가능하다고 할 것인가? 물론 로또에 당첨될 확률은 지극히 희박하기 때문에 가능성이 거의 없다고 말할 수는 있다. 그러나 아주 없는 것은 아니다. 만약 그 구직자가 사업을 해서 돈을 벌어서 그렇게 자신의 꿈을 실현한다면? 로또 당첨보다 몇 배 더 가능성은 높아질 것이다. 물론 그렇게 되기 위해서는 다른 사람들보다 더 많이 노력하고 더 많이 준비해야 할 것이다. 쉽지 않은 과정을 겪어야 한다. 그러나 아예 불가능한 것은 아니다. 분명히 가능성이 존재한다.

진로상담을 하면서 구직자로부터 듣는 가장 많은 말이 "그것은 비현실적이에요."라는 말이다. 예를 들어 "당신은 10년 후 얼마만큼의 돈을 벌기를 원하십니까?" 하고 물으면 "1~2억이요." "한 100억 정도는 벌어야 하지 않습니까?" 그러면 "현실적으로 그건 불가능하지요." 라고 한다.

정말로 그것이 현실적으로 불가능한 것인가? 세상에는 그보다 더 많은 돈을 번 사람도 부지기수로 많은데 왜 구직자는 그것이 불가능하다고 말하는 것일까? 그건 아마도 자신이 취업을 해서 월 300만 원 받는데 매달 100만 원씩 저축을 해도 10년이면 1~2억밖에 안 되므로 100억 달성이 불가능하다고 생각하는 데 있다. 물론 직장에 다니면서 매월 저축하는 것으로는 불가능하다. 그러나 어느 정도 종잣 돈이 마련된 다음 창업을 해서 사업을 본격적으로 하거나, 재테크를 잘하여 자산을 증식시켜 나가면 불가능한 목표도 아니다.

현실이란 무엇인가? 현실은 외부에서 가해지는 힘 때문에 내가 어찌할 수 없는 것인가? 아니면 능동적으로 내가 원하는 방향으로 변화를 시킬 수 있는 것인가? 당연히 진로상담에서는 현실은 구직자가 능동적으로 변화를 시킬 수 있는 것으로 전제한다. 이제부터는 우리가 경험하는 세계가 나의 의지와 무관하게 외부에서 주어지는 것이 아니라 오히려 내가 만들어 낸 현실임을 증명할 것이다. 지금 내가 경험하는 세계가 내가 스스로 창조한 현실이라면 미래에 내가 경험할 현실도 결국은 내가 만들어 갈 수 있을 것이다.

실재(實在)란 무엇인가?

우리가 경험하는 세상은 어떻게 생겨났을까? 물리학자들은 이 질문에 대한 답을 구하기 위해 시간과 공간을 연구하였으며 이는 우주관으로 발전하였다. 우주관은 시간과 공간의 역사이다. 인류 문명이 태동한 이래 오랜 시간 동안 시간과 공간은 변하지 않는 절대적인 영역으로 이해되었다. 이러한 절대론적 우주관은 아이작 뉴턴의 물리학을 대변한다. 그러나 20세기 들어서면서 천재 물리학자 아인슈타인에 의해 이러한 개념은 상대론적 우주관으로 바뀌었다. 아인슈타인은 시간과 공간은 속도와 중력에 의해 얼마든지 달라질 수 있다고 하였다. 즉, 지구에서의 일 년이 우주에서는 하루일 수도 있다는 것이다.

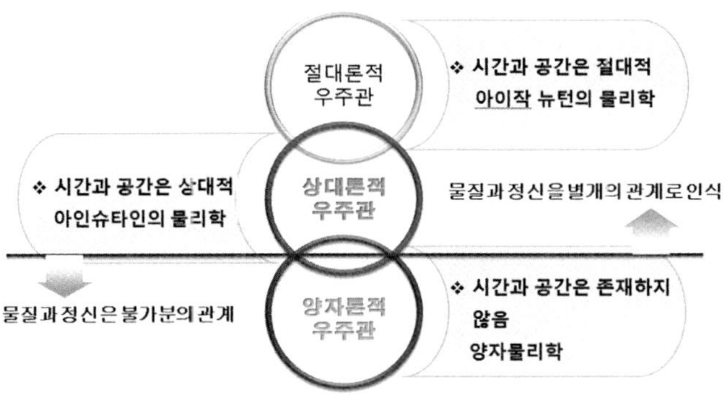

그림 2-2. 물리학자들이 본 우주관의 변화 양상

    뉴턴의 절대론적 우주관이나 아인슈타인의 상대론적 우주관의 공통적인 특징은 인간의 정신과 물질을 별개의 관계로 인식하였다는 점이다. 즉, 인간의 의식과 물질의 세계는 서로 다른 영역이고 각자는 서로 독립된 법칙의 지배를 받는다. 그래서 1927년 벨기에의 브뤼셀에서 열린 국제물리학 회의인 솔베이 회의에서 덴마크의 물리학자 닐스 보어가 "관측되지 않은 전자는 '위치'라는 속성을 가지고 있지 않다. 전자가 명확한 위치를 갖는 것은 우리가 그것을 보았을 때뿐이다."라고 했을 때 아인슈타인은 "우리가 달을 바라보지 않는다고 해서 달이 그곳에 없다는 말인가? 나는 누군가가 달을 바라보건, 바라보지 않건 간에 달은 항상 그곳에 있다고 생각한다."고 말했다.

    그러자 닐스 보어는 "아무도 달을 바라보지 않는데 달이 거기에 있다는 것을 어떻게 알 수 있는가?"라고 응수했다. 오늘날 양자물리학자들은 우리가 인식하는 모든 우주는 그것을 관찰하기 때문에 나타난다고 한다. 우리가 관찰하기 전에 모든 물질은 우주 어디에도 존재할 수 있는 가능성의 상태로 있다가 우리가 관찰하는 순간 한 지점을 선택하고 우리 의식에 나타나는 것이다. 이러한 주장의 근거는 영국의 물리학자인 토마스 영(Thomas Young)의 이중 슬릿 실험 때문이었다.

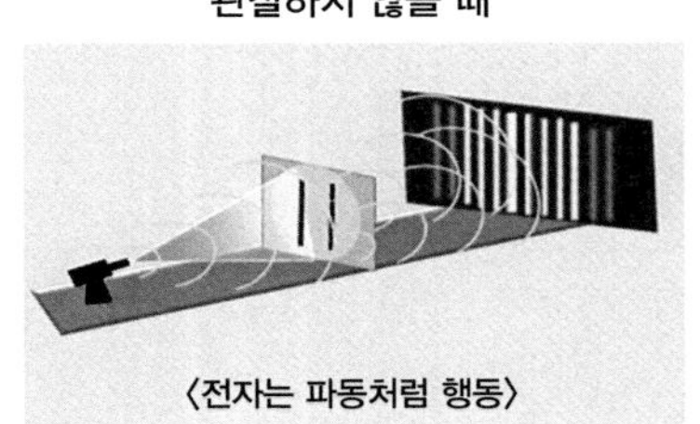

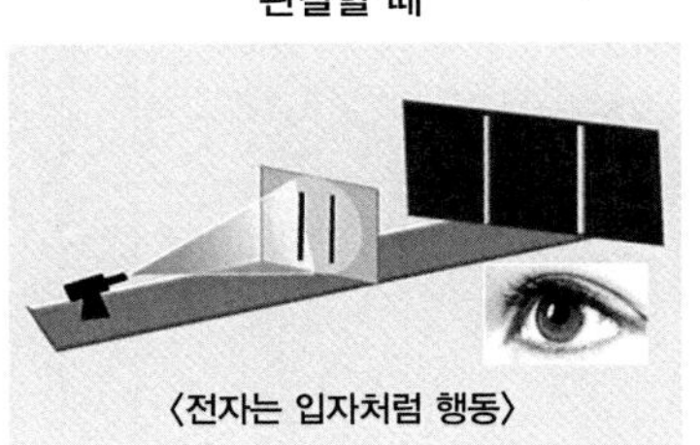

그림 2-3. 토마스 영의 이중 슬릿 실험

똑같은 실험장치인데 우리가 관찰할 때와 관찰하지 않을 때의 실험결과가 달랐던 것이다. 왜 그럴까? 또한 1970년 초에 버클리 대학의 프리드만과 클라우저가 양자적 얽힘 현상을 실험으로 증명하면서 공간이라는 것이 실제로 존재하는 것이 아니라 우리가 그렇게 인식하기 때문에 나타나는 현상임을 밝혔다. 두 실험의 결과는 우리가 경험하는 세상과 실재의 세상은 너무도 판이하게 다름을 말해준다. 뉴턴이나 아인슈타인이 말하는 공간은 일정한 거리의 개념으로 공간 속에 존재하는 두 물체는 서로 분리되어 있다. 그러나 양자역학에서는 한 개의 입자가 이곳저곳에 동시에 존재할 수도 있으며 서로 분리되어 있지 않다고 말한다.

실재란 무엇인가? 입자물리학자들은 원자핵이 30㎝면 원자의 크기는 32㎞라고 말한다. 다시 말하면 물질의 대부분은 비어있는 공간이

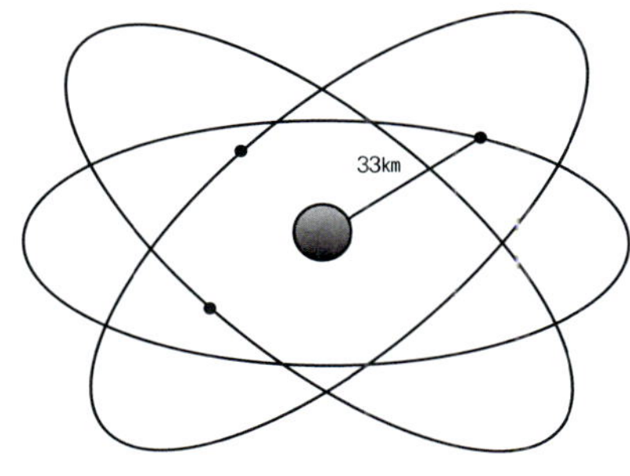

그림 2-4. 원자의 구조

라는 뜻이다. 그런데 왜 우리 몸은 벽을 뚫고 지나가지 못하는 것일까? 그것은 원자에 내재되어 있는 전자기적 반발력 때문이다. 즉 우리 몸의 원자에 있는 플러스(+) 전하와 벽의 플러스(+) 전하가 서로 밀쳐내기 때문에 투과하지 못하는 것이다. 그래서 전하가 전혀 없는 중성자는 어떠한 장애 없이 모든 물질을 투과할 수 있다고 한다. 중성자탄이 터지면 아무리 깊은 지하의 콘크리트 벙커에 숨어 있더라도 중성자에 의해 인체는 치명적인 손상을 입게 되는 것이다.

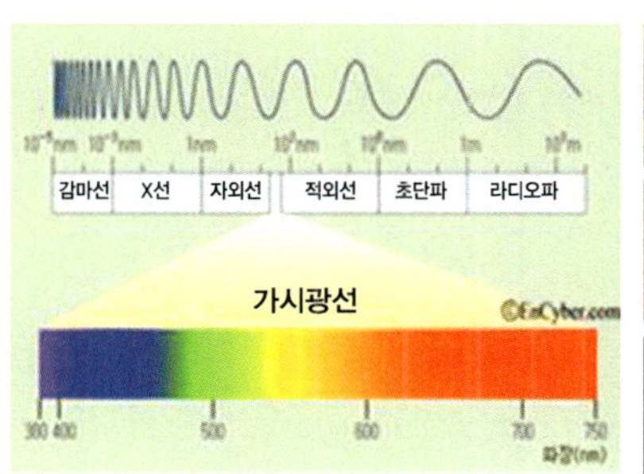

그림 2-5. 가시광선의 영역

그림 2-6. 자외선으로 본 꽃의 모양

우주 만물이 모두 비어있는데 우리가 경험하는 세상은 왜 이렇게 보일까? 그것은 인간의 눈이 감지할 수 있는 파장의 범위가 380~770nm의 가시광선 영역에 국한되기 때문이다. 그리고 물질의 진동이 특정 주파수의 빛을 반사하기 때문에 우리는 사물을 볼 수 있다.

만일 우리 눈이 자외선을 볼 수 있다면 꽃 속에 들어있는 꿀을 볼 수 있을 것이다. 꿀벌은 자외선을 이용하여 꽃 속의 꿀을 보고 빨아 먹는다. 또 적외선을 볼 수 있다면 꿀벌이 모여 있는 것이 단순히 그 냥 있는 것이 아니라 알을 부화시키기 위해 열을 내고 있다는 것을 알 것이다. 모든 물체가 비어있다는 사실은 X-ray로 사물을 촬영해 보면 금방 알 수 있다.

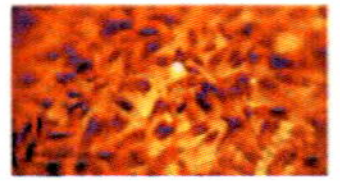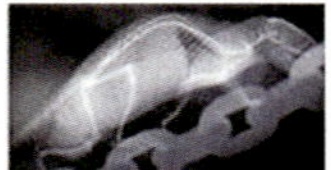

그림 2-7. (좌) 적외선으로 본 꿀벌의 집, (우) X-ray로 본 쥐의 모습

런던대학의 양자물리학자 데이비드 봄(David Bohm)은 "우리의 일상 속의 감각적인 현실이 사실은 마치 홀로그램과도 같은 일종의 환영이며, 그 이면에는 존재의 더 깊은 차원, 즉 광대하고 더 본질적인 차원의 현실이 존재하여 마치 홀로그램 필름이 홀로그램 입체상을 만들어 내듯이 그것이 모든 사물과 물리적 세계의 모습을 만들어 낸다."고 했다.

홀로그램 우주론에서는 우리가 보는 3차원 세계가 하나의 거대한 홀로그램으로서 환영이라고 말한다. 우리 3차원 세계의 실제 정보는 우주 저편 어딘가에 별도로 존재하면서 그 정보가 마치 홀로그램처럼 우리 눈에 인식된다는 것이다. 그렇다면 그 정보는 어디에 저장되어 있는가? 과학자들은 아마도 블랙홀일 거라고 추측하고 있다.

현재 우리가 사는 세상을 단적으로 가장 잘 표현하는 단어는 인터넷, 스마트폰, 계정 등일 것이다. 우리는 인터넷과 스마트폰을 이용하여 구글이나 네이버와 같은 검색엔진을 통해서 세계 여러 나라의 정보를 실시간으로 볼 수 있다. 그리고 여러 사람들과 채팅을 통해 대화도 가능하다. 그 스마트폰에서 나는 어떤 모습으로 규정되어 있는가? 여러 사람들과 나를 구별하는 것은 나의 계정이고, 나의 계정은 아이디(ID)와 패스워드(PW)로 구분된다. 그러면 나는 어디에 있는가?

나는 블로그를 운영하면서 내 정보들을 블로그에 저장한다. 그리고 상대방도 자신의 블로그를 자신이 운영하면서 우리는 서로 이웃으로 초대하여 정보를 함께 공유할 수도 있다. 이렇듯 스마트폰 또는 개인용 컴퓨터에서 만나는 인터넷 세상에서는 서로의 영역이 구분되어 있고, 필요에 의해 정보를 교환할 수도 있고, 세계의 여러 정보를 접할 수도 있어, 각자는 분리된 독립적인 존재로 여겨지지만, 실제 물리적으로는 하나의 서버에 모두 같이 존재하면서 아이디, 패스워드로만 구분되어 있는 것이다.

여기서 스마트폰을 하나의 인간이라고 가정해 보자. 사람들은 모두 상대방과 분리된 독립된 존재로서 서로 소통하고, 정보를 공유하고, 세상과 접하며 살고 있다. 우리가 접하는 세상은 오감으로 인식하는 세상이며 우리는 이 세상을 실재라 믿고 있다.

그러나 실재는 우주 저편 어딘가의 우주의 서버인 블랙홀에 물리적으로는 분리되지 않은 채 고유한 정체성(ID, PW)으로만 존재하면서 홀로그램과 같은 환영으로 이 세상을 비추고 있는 것이다. 따라서 타인과 남을 구분하는 것은 물리적인 시공간이 아니라 하나의 관념이다. 우리는 물리적으로 구분되어 있는 것이 아니라 관념적으로 구분되어 있다!

우리는 어떻게 보는가?

오늘날 신경과학의 발달과 더불어 우리가 인식하는 세상은 우리 두뇌에서 만든 하나의 영상에 불과하다는 사실이 밝혀졌다. 외부에서 자극이 주어지면 우리는 눈, 코, 입, 귀, 피부의 다섯 가지 감각기관에 의해 자극을 받아들이고 이를 전기적 신호로 바꾸어 두뇌로 보낸다. 두뇌는 오감에 의해 받아들여진 전기적 신호를 과거로부터 우리 의식에 축적된 지식(기억, 생각, 추측 등)과 경험, 감정, 신념 등 정보를 바탕으로 해석하여 그 결과를 영상으로 보여준다. 따라서 우리가 보는 세상은 실제의 세상이 아니라 우리 두뇌가 해석한 영상을 보는 것이다.

이는 밤에 잠을 자면서 꾸는 꿈과 동일한 원리이다. 우리는 잠을 자면서도 꿈을 꿀 때는 현실과 동일하게 보고, 듣고, 냄새 맡고, 맛과 촉감을 느낄 수 있다. 이것은 두뇌가 과거에 축적된 정보를 바탕으로 해석한 결과를 꿈으로 보여주기 때문이다. 마찬가지로 우리가 보는 현실이 외부 자극을 오감이 변화시킨 신호를 두뇌가 해석하여 보여주는 것이라면, 우리가 보는 현실은 꿈과 다를 바 없다. 꿈이 무의식이 꾸는 꿈이라면 현실은 의식이 꾸는 꿈이다.

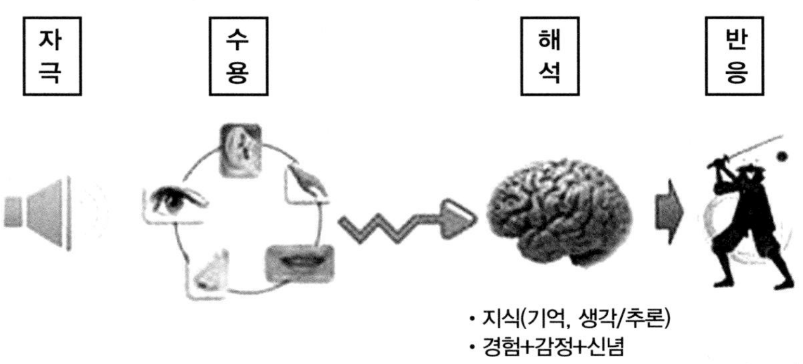

그림 2-8. 인간이 오감을 지각하여 반응하는 경로

　1800년대 네덜란드 출신의 미술가 반 고흐를 연구한 학자들은, 고흐가 일반 사람들이 보는 자연의 모습과는 다른 모습으로 그림을 그렸는데, 그것이 예술적 영감으로 일부러 그렇게 그린 것이 아니라 실제로 그러한 모습으로 자연을 보았다고 한다. 고흐는 간질을 앓고 있었는데 간질 환자들은 종종 일반 사람들이 보지 못하는 환상 같은 영상을 실제로 보곤 하였다.

별이 빛나는 밤　　　　　생트 마리 바다 위의 보트　　　풍경화

그림 2-9. 반 고흐가 그린 그림과 실제 풍경들

　현실이 꿈과 같다면 사람마다 왜 다르게 보지 않고 동일하게 보는가? 그것은 우리 유전자에 같은 프로그램이 내장되어 있기 때문이다. 인간과 닮지 않은 초파리조차도 유전자는 인간과 90%가 동일하다고 한다. 그렇지만 사람마다 자신이 가지고 있는 정보가 다르기 때문에 비록 큰 틀에서는 비슷할지라도 구체적으로 보면 각기 다른 해석으로 세상을 본다. 그래서 같은 현상을 보더라도 완전히 동일하게 보는 사람은 없다. 모두 저마다의 해석으로 현실을 왜곡한다.

| 진로상담의 인간관

인간 잠재력의 무한성

우주관에는 두 가지가 존재하는데, 하나는 우주를 질서(Cosmos)로 보는 시각이다. 이 우주관에 의하면 우주는 질서정연하고 시간과 공간의 지배를 받는다. 이 우주관에서 미래는 인과론에 의해 예측 가능하다. 그러므로 과거가 원인이 되어 미래를 결정하기 때문에 과거가 중요하다고 한다. 심리학에서도 프로이드 학파를 중심으로 하는 정신분석학에서는 이러한 우주관에 바탕을 둔 결정론을 따르고 있다. 어릴 때의 양육 경험이 그가 성장해서의 미래 심리상태를 거의 좌우한다는 것이다.

두 번째 시각은 우주를 혼돈(Chaos)로 본다. 우주는 불확실하고 우리가 인식하는 방식에 따라 달라진다. 시간과 공간은 관념이 만들어 낸 허구이며 물질의 본질은 빔(Nothing)이다. 물질은 관찰(인식)하기 때문에 존재한다. 우리는 발견하기 때문에 아는 것이 아니라 알기 때문에 발견하는 것이다. 미래는 확정되지 않았으며 하나의 가능성으로 존재한다. 지금-여기에서 어떠한 선택을 하느냐에 따라 미래는 얼마든지 달라질 수 있으므로 현재가 중요하다.

심리학에서는 인본주의 및 인지주의 심리학이 이러한 견해를 따르고 있다. 개인의 행동을 결정짓는 것은 지금 그 사람이 가지고 있는 신념체계이며, 비록 그 신념체계가 과거로부터 경험되고 학습되고 주입되어 형성된 것이지만 지금-여기에서 인식을 변화시킴으로써 얼마

든지 새로운 선택을 할 수 있고 그것은 그 사람의 미래를 결정한다.

오스트리아 심리학자 칼 융은 인간의 마음을 표면의식, 개인무의식, 집단무의식으로 구분하였다. 표면의식이란 잠에서 깨어나서 잠을 자는 순간까지 깨어있는 상태의 마음을 말하며, 개인무의식은 개인이 살아오면서 경험한 모든 사건과 감정들이 정보의 형태로 저장되어 있는 마음이며, 집단무의식은 전 인류가 공통적으로 가지고 있는 문화, 지혜 등이 저장되어 있는 인류의식의 마음이다.

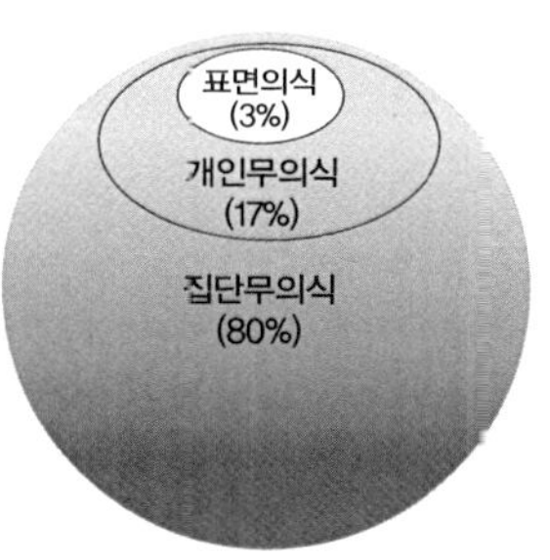

그림 2-10. 칼 융이 구분한 마음의 구조

칼 융은 같은 오스트리아 출신의 이론물리학자인 볼프강 파울리를 만나 양자물리학에 대한 견해를 듣고 자신이 가정한 인간의 의식에 대한 견해를 양자물리학적으로 설명이 가능하다고 느꼈다. 융은 의식을 하나의 에너지장(場)이면서 정보의 저장고이고, 서로 공명하는

양자파동으로 이해하였다. 이를 앞에서 언급한 스마트폰과 인터넷으로 비유하면 표면의식은 '지금 로그인되어 활동하고 있는 나'이고 개인 무의식은 내가 살아오면서 저장한 '나의 블로그'가 될 것이다. 집단 무의식은 인터넷의 바탕이 되는 인류의 의식이 집적된 정보의 바다 그 자체이다. 그래서 인간은 누구나 집단무의식에 접근이 가능하며 집단무의식을 잘 활용하면 인간은 무한한 잠재력을 발휘할 수 있다고 믿었다.

영국의 저명한 방송국 BBC에서 2001년에 소개한 과학다큐멘터리 '뇌 이야기(Brain Story)'를 보면 다음과 같은 장면이 나온다.

그림 2-11. 뇌 손상을 입은 딕이 그린 그림

전두엽부터 뇌세포가 서서히 파괴되어 가는 퇴행성뇌질환을 앓고 있는 딕링헴(DICK LINGHAM)은 사람들과 잘 어울리지 못하고 TV 드라마를 보아도 줄거리를 이해하지 못하며 극적인 성격의 변화를 겪고 있다. 뇌의 손상은 딕을 완전히 다른 사람으로 만들었고 전혀 다른 성격의 사람으로 변화시켰다. 예전에는 유머 감각이 좋았는데 지금은 상황에 부적절한 농담을 하여 주변을 당황하게 만든다. 그러나 그의 증세가 나빠질수록 믿을 수 없는 일이 생겼다.

딕은 그림을 그리고 싶다는 욕구가 생겼다. 종이에 물감을 대는 순간 그림을 그리고 싶어서 그림을 그리지만 그리면서도 자신이 무엇을 그리는지도 모른다. 그림이 다 되어서야 비로소 어떤 그림인지를 알 수 있다. 지금까지 한 번도 그림을 그려본 적이 없었으며 본인 스스로도 그림을 그릴 수 있다고 생각해 본 적이 없었다. 스스로도 재능이 없다고 생각했다. 태어나서 처음으로 그림 이미지를 좋아하게 되었고, 뭐가 뭔지 잘 모르지만 그림을 그리게 되었으며 실제로 그가 그린 그림은 매우 놀라웠다. 어느 한 부분의 뇌세포 파괴가 지금까지 전혀 활성화되지 않은 다른 영역의 뇌세포를 활성화시킨 것이다.

이 사례는 교육과 숙달에 관한 우리의 믿음에 새로운 가능성을 열어주었다. 지금까지는 인간이 어떤 행위에 숙달이 되려면 그 행위를 반복해서 연습하여 뇌의 시냅스 회로가 견고히 구축되어야 가능하다고 알고 있었다. 그런데 위 사례는 반복 학습 없이 어느 순간에 갑자기 잘하게 된 것이다. 다시 말하면 **나는 그림을 잘 그릴 수 있는 능력이 충분이 있었는데 지금까지 그 능력이 비활성화 되어 있었다가 어떤 사건으로 갑자기 활성화 된 것**이다. 이것은 우리 내면에는 모든 것을 잘할 수 있는 잠재력이 무한이 있으며 우리는 그 잠재력을 활성화시키는 스의치만 커면 된다는 것을 의미한다.

비슷한 사례가 동물에게서는 자주 나타난다. 강원도 화천에는 매를 잘 조련하는 인간문화재 한 분이 계신 데 어느 날 동물원에서 매를 조련해달라는 부탁이 들어왔다. 동물원의 매는 어릴 때부터 인간이 가두어 길러서 사냥하는 법을 전혀 배우지 못했다. 이제 커서 야생으로 돌려보내려 하는데 사냥을 할 수 없으니 사냥법을 가르쳐서 보내려는 것이었다. 매 조련사는 그 매를 보더니 "가르치려 하지 마라. 매는 사냥하는 법을 이미 알고 있다. 본능을 깨우면 사냥은 저절로 하게 될 것이다."라고 말하며 매의 본능을 깨우는 훈련을 시작했다. 그는 매 사육장 안에 스티로폴 기둥을 세워서 야생의 나무와 흡사한 환경을 만들어 주었다. 매는 이쪽에서 저쪽으로 날아가면서 그 기둥들을 피해야 했다. 그러한 회피 비행을 계속하여 어느덧 자유자재로 날게 되었고 사육장 안에 들쥐들을 풀어놓자 어느 순간 시행착오 없이 정확하게 그 들쥐를 사냥했다.

나는 누구인가?

미국의 직업심리학자 프레디저 박사(Dale. J. Prediger)의 이론을 바탕으로 지수근 대표가 개발한 프레디저 직업심리 진단프로그램은 나를 이해하는 방법론으로 새로운 가치관을 제시하고 있다. 지수근 대표는 프레디저 진단프로그램을 "자신의 비전·목표를 이루기 위한 '나 아닌 것 되기'의 의미를 알고 스스로에 대한 다양성을 체험하여 잠재력을 실현하는 자기계발 성장 프로그램"으로 정의하고 있다.

진로상담에는 두 가지의 인간관이 존재한다. 하나는 '나 되기'이고, 두 번째는 '나 아닌 것 되기'이다. '나 되기'에서는 직업적 자아가 하나라고 전제한다. 그래서 자신의 직업흥미, 적성에 맞는 직무를 선택해서 그 분야에서 근로하면 직무만족도가 높고 직업적으로 성공할 가능성이 높다는 견해이다. 대표적인 진단 도구로 홀랜드 직업선호도 검사가 있다. 이 이론에서는 '직업적인 나'에 부합하는 정답을 찾아야 하며 그러므로 개인의 적성에 많은 비중을 둔다.

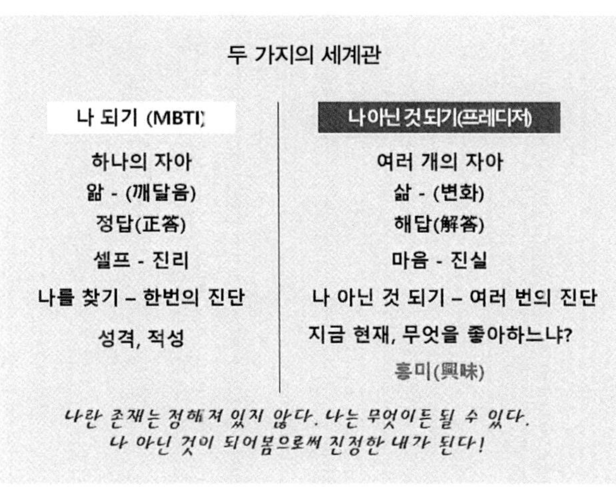

그림 2-12. 진로상담의 두 가지 인간관

반면에 '나 아닌 것 되기'는 직업적 자아는 하나가 아니고 여러 개라고 가정한다. 비록 지금 내가 외향적이어서 타인과 잘 어울리면서 사람을 설득하는 것을 좋아하여 현장에서 사람을 상대하는 영업사원이 적성에 맞고 사무실에서 자료를 정리하는 행정사무원은 적성에 맞지 않는다 하더라도, 사무실에서 집중력을 발휘하여 정확하게 자료를 생산해 내는 역량이 없는 것은 아니다. 그 역량은 내면에 잠재되어 있다. 그래서 그 분야도 도전하여 자신의 잠재력을 발휘하면 지금까지 알지 못하였던 또 다른 나를 발견할 수 있다. 즉, '나 아닌 것 되기'를 통해 스스로에 대한 다양성을 체험하고 자신의 잠재력을 개발함으로써 궁극적으로 자신을 성장시키고 실현할 수 있다. 그래서 프레디저 진단에서는 '지금 현재 무엇을 좋아하는가?' 직업흥미를 가장 중시한다.

안철수 씨는 홀랜드 육각형 모형에 의하면 탐구형이다. 안철수 씨

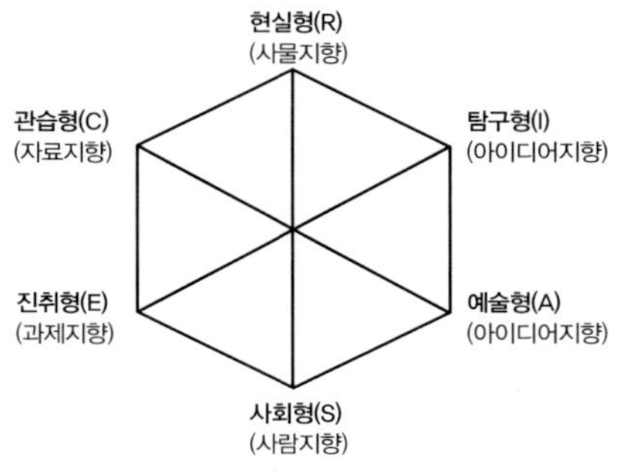

그림 2-13. 고용노동부 직업선호도 검사의 흥미 6각형 모형

는 책을 읽고 혼자서 연구하는 활동을 좋아하였다. 의사가 되었을 당시에도 사람을 만나서 진찰하는 것이 부담스러워 방사선과를 택하였다고 한다. 방사선과에서는 차트를 보고 자신의 소견을 말하면 되기 때문이었다. 컴퓨터 바이러스 백신 V3를 개발할 때도 새벽 4시까지 개발을 마치고 아침에 부인에게 "나 오늘 군에 입대하는 날이다."라고 얘기하였을 만큼 자신이 관심 있는 분야에 한번 빠지면 다른 것은 잊고 집중력을 발휘하는 전형적인 탐구형이었다.

홀랜드 육각형 모형에서는 인접한 유형은 직무환경이 비슷하고 대각선에 놓인 유형은 직무환경이 반대라고 가정한다. 탐구형은 현상을 비판적이고 분석적으로 관찰하고, 체계적이고 창조적으로 탐구하는 것을 좋아하는 반면, 규칙적이고 반복적인 활동이나 리더십을 발휘해야 하는 활동은 별로 좋아하지 않는 유형이다. 주로 학자들이나 연구원들에게 나타나는데, 학자들은 자신의 지적활동에만 관심이 있을 뿐 이것을 활용하여 어떻게 돈벌이를 해야 하는 지에 대해서는 별 관심이 없다. 탐구형의 대각선상에 있는 것이 진취형인데, 진취형은 개인과 조직의 목표를 달성하거나 경제적인 이익을 추구하기 위한 활동을 선호하며, 타인에게 영향력을 발휘하는 일을 하고 싶어하는 유형으로 주로 기업대표들에게서 많이 나타난다.

홀랜드 육각형 모형에 의하면 안철수 씨는 사회형과 진취형과는 거

리가 먼 유형이다. 그런데 '안철수 바이러스 연구소'를 창립하고 본격
적인 경영활동을 하였다. 자신의 유형과 반대되는 일을 하니 '나 아
닌 것 되기'를 실행한 셈이다. 당연히 자신의 적성과 다른 일을 하니
처음에는 무척 어려웠다. 그러나 시간이 지나면서 어려움을 극복하
고 회사는 안정적으로 운영되기 시작하였다.

이때 안철수 씨는 새로운 도전으로 미국으로 박사과정을 떠나고
귀국하여서는 카이스트 교수가 되었다. 현재는 '국민의당' 대표로서
정치활동을 하고 있다. 이렇듯 안철수 씨는 자신의 적성과 반대되는
진취형 및 사회형에 적극 도전함으로써 자신의 가능성과 잠재력을
확장하였다. 만약 안철수 씨가 '나 아닌 것 되기'를 실천하지 않고 탐
구형으로만 인생을 살았다면 어느 연구소의 이름 없는 연구원으로
있거나 잘 되었다면 연구소장 정도 되었을지도 모른다.

"나란 누구인가?" 세 가지 존재적 질문에서 첫 번째 질문인 '나에
대한 이해'는 진로상담에서 가장 중요한 부분이다. 사실 나란 존재는
정해져 있지 않다. 나는 무궁무진한 잠재력을 가지고 내가 원하는
그 무엇이라도 될 수 있는 가능성의 존재이다. 지금까지 살아오면서
나는 공무원, 연구원, 영업사원, 상담사, 강사였다. 그중에 어느 하나
가 내가 아니고 그 모든 것이 바로 '나'다. 나는 '나 아닌 것'이 되어 봄
으로써 진정한 내가 된다.

| 진로상담 중점

청소년 진로상담: 가능성

[청소년 뇌의 변화]

그림 2-14. 미국국립보건원 제이기드 박사가 제시한 연령에 따른 전두엽의 회백질 양의 변화 추이
그래프

위의 그림은 나이에 따른 전두엽 회백질의 부피변화를 도표로 나
타낸 것이다. 이 도표에서 보면 12~18세의 청소년기에 전두엽 회백

질의 부피가 최고조가 됨을 알 수 있다. 흔히 말하는 사춘기에 두뇌가 최고조로 발달하는 것이다. 특히 이 시기에는 도파민의 수치 또한 최고조에 이른다. 따라서 청소년의 정보처리능력은 성인의 4배에 이르고 위험을 감수하는 용기와 패기가 그 어느 때보다 높아져서 과감한 도전을 할 수 있게 된다.

우리나라 청소년들은 새벽부터 밤늦게까지 학교 정규수업, 학원, 입시준비 등 두뇌를 최고조로 사용하고 있다. 만약 중년 성인들보고 이렇게 살라고 하면 아마도 손을 절레절레 흔들며 불가능하다고 할 것이다. 이는 사춘기 두뇌 발달이 최고조에 이르렀기 때문에 가능한 것이다. 또한 사춘기 청소년들은 정서적으로 질풍노도의 시기라고 한다. 어른들이 보기에는 자신이 저지른 행동의 결과를 예측하지 못하고 충동적으로 위험하기 짝이 없는 행동도 서슴없이 저지른다.

사춘기는 인간만이 겪는 것이 아니고 동물도 겪는다. 원숭이 무리를 보면 사춘기에 해당하는 어린 원숭이들이 기존 질서에 도전하는 모습을 종종 볼 수 있다. 이렇듯 인간뿐만 아니라 동물들까지 사춘기를 겪는 이유는 무엇일까? 그것은 사춘기가 부모로부터 독립하여 세상에 나아갈 준비를 하는 시기이기 때문이다. 그전까지는 부모의 보호 아래서 그 세계가 전부인 줄 알고 안전하게 성장하였다면, 사춘기는 부모 영역 밖의 새로운 세상에 대한 호기심이 발동하고 새로운 도전을 하게끔 생물학적인 변화가 찾아오는 것이다.

그래서 청소년 진로발달의 핵심은 가능성이다. 청소년들은 세상을 향하여 열린 마음으로 끊임없는 도전으로 자신의 가능성을 시험한다. 이러한 도전을 통하여 청소년은 스스로의 역량을 알아가고, 자신에게 맞는 직업을 스스로 선택하여 세상으로 나아갈 수 있다. 부모를 비롯한 사회의 성인들은 이러한 청소년의 특성을 잘 이해하여, 그들이 가슴속에 품은 뜻과 의지를 충분히 시험해 볼 수 있도록 적극적으로 격려하고, 자신감을 심어주고, 최대한의 지원을 해주어야 한다. 그래야 청소년들은 건강하게 성장하고, 부모로부터 독립하여 자신의 삶을 자신이 스스로 책임질 수 있다.

그런데 만일 부모를 비롯한 어른들이 자신들의 경험과 가치관으로 청소년들의 욕구와 도전정신을 이해하지 못하고 획일화된 진로만 강요한다면, 청소년은 독립심을 잃고 부모에게 의존하는 삶을 살게 된다. 나이 20이 넘어서 두뇌의 성장이 끝나면 사춘기 때와 같이 자신의 욕구를 과감하게 행동으로 옮기는 실행력을 발휘하기 어려워진다. 그래서 요즘 많은 청년들은 생각은 많으나 그것을 실천할 힘이 없어 고민만 하면서 20대 청춘을 부모에게 의존하는 삶을 살고 있다.

피터 드러커 교수는 『프로페셔널의 조건』에서 사회적으로 성공하는 사람들의 특성을 다음과 같이 말하였다.

성과를 올리는 사람들 가운데는 외향적인 사람, 내향적인 사람, 사교성이 없는 사람, 심지어는 병적일 만큼 수줍음을 심하게 타는 사람도 있다. 괴짜가 있는가 하면 애처로울 정도로 꼼꼼한 순응주의자도 있다. 뚱뚱한 사람이 있는가 하면 홀쭉한 사람도 있다. 늘 걱정이 끊이지 않는 사람이 있는가 하면 만사에 천하태평인 사람도 있다.

매력이 넘치고 포근함을 주는 사람이 있는가 하면 냉동 고등어처럼 차가운 성격을 가진 사람도 있다. 그들 가운데에는 '리더'라고 부르기에 적합한 유형의 사람들도 몇몇 있다. 술을 많이 마시는 사람이 있는가

하면 전혀 안 마시는 사람도 있다. 반면에 여러 사람들 가운데에 파묻혀 있으면 전혀 주의를 끌지 못할 특색 없는 사람도 있다. 학자풍의 사람, 진지한 학생 같은 사람, 제대로 공부를 하지 않은 사람도 있다.

어떤 사람은 다양한 분야에 관심을 갖고 있고, 어떤 사람은 자신의 좁은 영역 밖에 있는 것에 대해서는 아무것도 모르고 또 관심조차 기울이지 않는다. 자기중심적인 사람이 있는가 하면 어떤 사람은 넓은 가슴과 포용력을 지니고 있다. 자신이 하고 있는 일밖에 모르는 사람이 있는가 하면, 바깥일에 주로 관심을 두는 사람도 있다. 성과를 올리는 사람들 가운데에는 논리적이고 분석적인 사람도 있고, 주로 지각과 직관에 의존하는 사람도 있다.

모든 것을 쉽게 결정하는 사람이 있는가 하면, 무언가를 행동으로 옮길 때마다 고심하는 사람도 있다. 의사, 고등학교 교사, 바이올리니스트가 서로 다른 만큼 성과를 올리는 사람들 역시 서로 많이 다르다. 성과를 올리는 사람들은 그렇지 못한 사람들만큼이나 천차만별이다. 그들은 인간 유형, 개성 그리고 재능의 측면에서 무능한 사람들과 구별이 되지 않는다.

성과를 올리는 모든 사람들이 공통적으로 갖고 있는 것은 자신의 능력과 존재를 성과로 연결시키기 위해 끊임없이 노력하는 실행 능력뿐이다. 한편으로 나는 이러한 실행 능력이 없는 사람은 아무리 지능과 근면성과 상상력이 뛰어나다 해도 결국에는 실패한다는 사실을 알게 되었다. 또한 그런 사람은 목표 달성 능력이 부족한 사람이라는 것도 확인하였다.

인간의 발달 측면에서 피터 드러커 교수가 말한 '실행 능력'을 습득하는 시기가 청소년기이다. 그리고 이 실행 능력은 자신이 좋아하는 일을 할 때 나온다. 자신이 하고 싶지 않은 일을 억지로 할 때는 절대 성과를 나타낼 수 없다. 청소년은 아직 성장 중이며 자신을 알아가고 있는 단계이다. 이 시기에 청소년들이 자신의 직업흥미에 따라 여러 가지 직무에 도전해볼 수 있도록 어른들은 적극 지원해야 한다. 그럼에도 불구하고 기존사회의 고정관념에 따라 대학에 진학하고 대기업, 공기업에 취업하거나 공무원이 되는 것만이 인생의 행복이라면서 다른 가능성을 모두 배제한 채 한두 가지 옵션만 강요한다면 청소년들은 성인이 되어서도 자신의 삶을 살 수 없게 된다.

사랑하는 직업을 선택하라

모든 생명은 사랑의 행위로 인해 창조된다. 마찬가지로 인류의 모든 문명은 사랑으로 창조되었다. 집이나 자동차를 현실에 나타나게 하기 위해서는 먼저 가슴에서 집과 자동차를 가지고 싶은 마음이 있어야 한다. 그렇게 집과 자동차로 향하는 뜨거운 마음, 즉 열정은 그때부터 의식 속에 구체적인 설계를 하게 하고 그 설계에 따라 에너지를 한곳에 모아서 비로소 현실에서 물질로 나타나게 한다.

우리는 사랑하는 것만을 소유할 수 있다. 사랑하지 않는 것은 소유하더라도 금방 잃어버린다. 사랑한다는 것은 특정한 주파수의 에너지를 끌어당기고 있다는 뜻이다. 그래서 현실에서 흩어지지 않고 형태를 유지하게 한다. 그러니 사랑하지 않는 것은 당연히 흩어지게 되니까 소유할 수 없다. 내가 사랑하지 않는 것은 결국 나를 떠난다.

내 몸도 마찬가지다. 내가 내 몸을 사랑하지 않으면 몸을 잘 돌보지 않게 되고 가꾸지 않게 된다. 결국 몸은 피폐하게 되고 병이 들고 나를 떠난다. 즉, 죽게 된다.

사회적으로 성공하는 사람들의 공통적인 특징은 오직 하나이다. '자신이 하고 있는 일을 진정으로 사랑하고 있는가?'이다. 자신이 그 일을 진정으로 사랑하면 그것은 현실에서 나타난다. 그렇지 않고 머릿속에서 상상만 하거나, 탐욕만 가지고 있지 그것을 구현하고자 하는 열정과 실행이 없으면 성공할 수 없다.

사랑한다는 것은 가슴에서 강한 끌림과 충만함을 충분히 느낀다는 뜻이다. 마치 사랑하는 남녀가 만났을 때 가까이 가고자 하는 강한 끌림과 함께 가슴속에는 설렘과 뜨거운 열정이 솟아나고, 나의 곡숨까지도 모두 주어도 아깝지 않은 그러한 충만한 느낌이 일어나듯 나의 일에서도 그러한 느낌이 일어나야 그것이 현실에서 구현된다.

성공하는 방법으로 끌어당김의 법칙을 소개하여 베스트셀러가 된 『시크릿』을 수많은 사람들이 읽었는데도 현실에서 별로 신통한 결실을 맺지 못한 것은 사랑의 본질을 제대로 알지 못하고 단지 머릿속에서 상상만 하면서 그것이 구현되기만을 바라기 때문이다. 그러한 바람은 가슴속에 열정을 일으키지 않기 때문에 실행으로 옮겨지지를 못한다. 그러니 당연히 현실에서 구현될 수 없다.

내가 사랑하는 일을 선택한다는 것은 나의 가슴을 설레게 하고 그 일을 하고 싶은 뜨거운 열정이 일어나게 하며, 어떠한 어려움이 있더라도 반드시 해내고야 말겠다는 신념과 인내의 마음이 생기게 하는 일을 선택하는 것이다. 이것은 지금까지 내가 쌓아온 모든 것, 즉 나의 적성, 지식, 기술, 경력, 능력 등에 우선하여 가장 먼저 고려해야 할 사항이며 이것 이외에는 어떠한 고려사항도 사실은 없다.

중년기 진로상담: 사명

논어에서는 인간의 진로발달을 20세에 입지(立志), 30세에 이립(而立), 40세에 불혹(不惑), 50세에 지명(知命), 60세에 이순(耳順), 70세에 종심(從心)이라고 했다. 20세에 자신의 직업을 선택하고 30세에는 독립적으로 자신의 길을 가야 한다. 그런데 많은 우리나라의 젊은 청년들이 20세에 자신의 뜻에 따라 직업 선택을 하지 못하여 30세가 되어도 홀로 서지 못하고 부모에게 의존하고 있다. 40세에는 굳건하게 자신의 길을 가야 하며, 50세에는 자신이 세상에서 해야 할 역할을 깨달아야 한다.

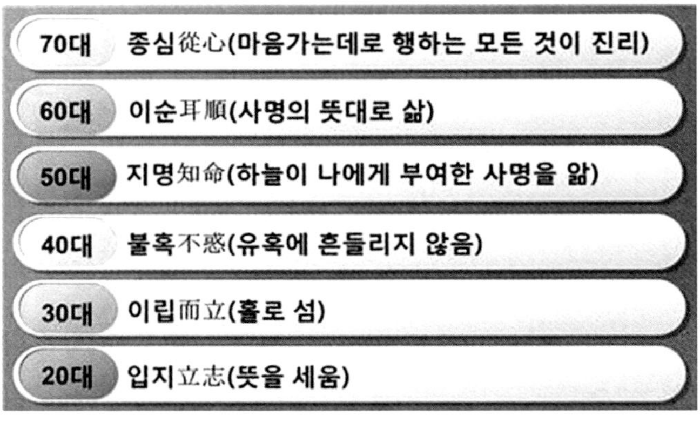

그림 2-15. 『논어』 위정편에 나오는 말로 나이에 따른 학문의 심화과정을 설명한 것

오스트리아의 심리학자 칼 융은 인생주기를 인생전반부(아동기, 청년

기, 성인초기)와 후반부(중년기, 노년기)로 나누어, 인생의 전반부에는 외부와 밀접한 관계를 맺으면서 살아야 하며 인생의 후반부 중년기에는 자신의 내면세계에 귀를 기울어야 한다고 하였다. 인생의 전반부에 취해야 할 생각과 태도로 인생의 후반기를 사는 것은 부적당하며, 삶의 무의미감과 공허감이 찾아들어 중년의 위기라는 매우 어려운 상황에 처할 수 있게 된다.

칼 융은 중년기를 개인 무의식에 잠재되어 있던 자아가 의식의 표면으로 올라오는 시기라고 하였다. 어릴 때부터 지금까지 자신의 삶을 돌아보면서 자랑스러웠던 경험과 후회스러웠던 경험을 떠올리며 지금까지의 삶을 재평가하고, 과거 억압된 기억과 감정들이 새삼스럽게 느껴지면서 감정의 격동을 경험하게 된다. 그리고 지금까지 안다고 생각했던 자기 자신과 비교하면서 갈등을 경험하는 것이다.

또한 인생에서 중년기는 삶의 의미에서의 가치를 재평가하는 시기이다. '생의 의미는 무엇인가?'하는 질문은 본질적으로 '인간은 어떻게 살아가야 할 것인가?' 또는 '우리 삶에 목적이 있다면 어떤 것이 가장 달성할 가치가 있는 것인가?' 하는 가치에 관한 질문이다. 삶의 의미에 대한 질문은 인간만이 할 수 있는 가장 인간적이고 필수적인 질문이다.

삶에 대한 의미와 가치상실로 인한 불안과 고독을 프랭클(Frankl)은 '실존적 공허'라고 하였다. 프랭클은 모든 질병은 삶의 의미의 결여에서 생기며, 삶의 허무함을 아는 것이 인생의 의미를 추구하는 데 도움이 된다고 하였다. 인간은 생리적, 심리적, 사회적, 종교적으로 얽혀진 복합된 감정체제를 갖고 있고, 삶의 과제와 운명 또한 개인별로 다르기 때문에 개인은 각자 자신에게 적합한 삶의 의미와 반응양식을 찾아야 한다. 그리고 인생 목적과 생의 평가를 통해 현재까지의 자신의 생을 겸허하게 받아들이고, 남은 생은 자신에게 주어진 사명을 알고 이를 행하는 데 초점이 맞추어져야 한다.

만약 그렇지 못하고 계속하여 욕심대로 인생을 산다면 자신에게 유리한 것만 탐하여 탐욕스럽고, 고집불통의 노인네가 되어 내 가족과 이웃에게 피해를 주고, 자라나는 젊은 세대에 좋지 않은 선례를 남기므로 사회를 병들게 한다. 자신 또한 '내가 인생을 헛살았구나' 하는 절망감 속에 삶을 마감하게 된다. 반대로 자신의 사명을 자각하고 사명대로의 삶을 사는 사람은 인류와 사회를 위해 봉사하며, 모두를 이롭게 하는 삶을 살아가므로 하고자 하는 모든 일이 순조롭게 진행되고, 죽음에 임하여서는 '할 일을 다했다'라는 통합감으로 죽음을 편하게 받아들일 수 있게 된다.

직업사회의 변화

| 자본주의 시스템

가치의 조건화

인본주의 심리학자인 칼 로저스(Carl Rogers)는 모든 인간은 태어날 때부터 자신의 잠재력을 실현하려는 '자기실현 경향성'을 타고난다고 보았다. 사람들은 성장하면서 '나는 어떤 사람인가?'라는 질문을 하게 되는데 그 질문에 대한 답이 곧 '자기개념'이다. 그런데 이 자기개념은 자기 스스로 만들어 내는 것이 아니라 다른 사람들의 평가에 의해 형성된다. 특히 어린 시절 부모의 태도가 아이들의 '자기개념' 형성에 결정적인 영향을 미치는 경우가 많다.

모든 사람은 긍정적 존중에의 욕구를 가지며, 그 결과 긍정적인 자기개념을 형성하고자 한다. 아이들이 부모로부터 사랑과 인정을 받고자 하는 욕구는 거의 절대적이라고 할 수 있다. 아이들은 어른들의 애정과 칭찬을 받기 위해 원래의 자신이 원했던 바가 아니라 어른들이 원하는 방식을 생각하고 행동하는 경향이 있다. 이러한 과정을 로저스는 '가치의 조건화(Conditions of Worth)'라고 하였다.

'가치의 조건화'란 한 개인이 있는 그대로의 존재로 인정받는 것이 아니라 외적인 조건들, 흔히 부모를 포함한 중요한 타인들에 의해 쿠여된 가치에 부합될 때 존재 가치를 인정받게 되는 것이다. 특히 아이들은 칭찬과 인정(긍정적 존중에 대한 욕구)을 통해 긍정적인 자기개념을 형성하게 되므로 부모를 비롯한 의미 있는 타인이 중요하게 여기는 가치에 자신을 맞춰 나가려 한다.

이러한 가치의 조건화는 한 개인의 발달과정에서 문제를 일으킬 수 있다. 아이들이 타고난 경향성과 다른 방향으로 가치의 조건화가 이루어진다면 자기개념과 경험 간의 불일치가 생기게 된다. 지금 여기(Here and Now)에서 경험되는 것들(예컨대 가수가 되고 싶고 음악을 접하게 되면 흥분되고 즐거운 것)이 자기개념(판검사가 되어 부모를 기쁘게 해주는 데서 자신의 의미를 찾으려고 하는 것)과 불일치할 때 '지금 여기'에서의 경험을 부정하게 된다. '지금 여기'에서 부정되는 경험이 많을수록 개인은 타고난 잠재력 실현에서 멀어지며, 생기를 잃게 되고 심리적 문제와 부적응을 겪게 된다.

따라서 로저스는 상담 현장에서 내담자에 대한 '무조건적인 긍정적 존중과 수용'이 가장 중요하다고 하였다. 즉, 조건적인 존중과 수용은 가치의 조건화를 만들어 자기 자신을 발견할 수 없게 한다. 로저스는 "정말 신기한 역설은 나 자신을 있는 그대로 수용할 때 바로 그때 내가 변화할 수 있다는 것이다."라고 했다.

다음은 로저스에게 상담받은 내담자의 편지이다.

난생처음으로 나는 내가 진정 특별한 사람임을 느꼈다. 난생처음으로 나는 내 모습 그대로가 니가 되어야 할 모든 것임을 느꼈다. 내 마음

중심의 부드러운 곳, 발가벗겨진 그곳, 내가 있는 그곳에 더 이상 다른 것이 필요 없다는 것, 그것을 알았다. 그것으로 충분하다는 것을…. 내가 사람으로서 그렇게 귀하고 소중하다는 것을 단 한 번도 느껴 본 적이 없었다. 나는 진정한 자존감이 무엇인지를 전혀 몰랐다. 당신은 내게 힘을 불어넣어 주며 마음을 열고 당신의 진실을 만지게 했다. 이 전에는 나 자신을 전혀 몰랐다. 나는 다른 사람을 전혀 몰랐다. 이러한 평화 또는 이러한 힘을 나는 전혀 몰랐다. 이렇게 빨리 자란 적도 없었 다. 나를 향한 사랑과 당신을 향한 사랑 안에서 이렇게 풍성함을 느낀 적이 나는 한 번도 없었다.

금융자본주의

현재 나를 포함하여 나의 자녀, 우리 국민 대부분이 겪고 있는 갈 등은 '타인과의 경쟁에서 어떻게 살아남을까?'이다. 청소년 시절에는 학교에 다니면서 더 좋은 대학에 가기 위해 치열한 경쟁을 한다. 학 교를 졸업하면 더 좋은 직장에 취직하기 위해 치열한 경쟁을 한다. 취업을 하지 않고 창업을 하려고 편의점을 하나 차려도 조금 있으면 똑같은 편의점들이 여기저기 들어선다. 이제는 경쟁업체보다 더 많 이 팔기 위해 생존을 건 경쟁을 하지 않을 수 없다. 그러면 우리는 왜 이렇게 경쟁하지 않으면 안 되는 세상에 살고 있는 것일까?

그것은 우리가 금융자본주의시대에 살고 있기 때문이다. 가치의 조 건화에 가장 많은 영향을 미치는 것이 바로 그 사회의 시스템이다. 금 융자본주의는 17세기 영국에서부터 시작되었다. 17세기 영국 시장에서의 주거래 수단은 금이었다. 그러나 금은 너무 무겁고 사용하기 불편하였기 때문에 무거운 금을 작고 간편하게 만드는 세공업자가 있었다. 귀한 금을 세공시킨 사람들은 금을 집에 가져가지 않고 신용 있는 금 세공업자에게 맡겼는데, 금 세공업자는 이를 위해 커다랗고 튼튼한 금고를 마련하고 보관료를 받았다. 금 세공업자는 맡긴 금에 따라 보관증을 써주었는데, 사람들은 무거운 금 대신 가볍고 편리한 보관증으로 거래하기 시작하였다. 이 금 보관증이 곧 지폐의 시작이다.

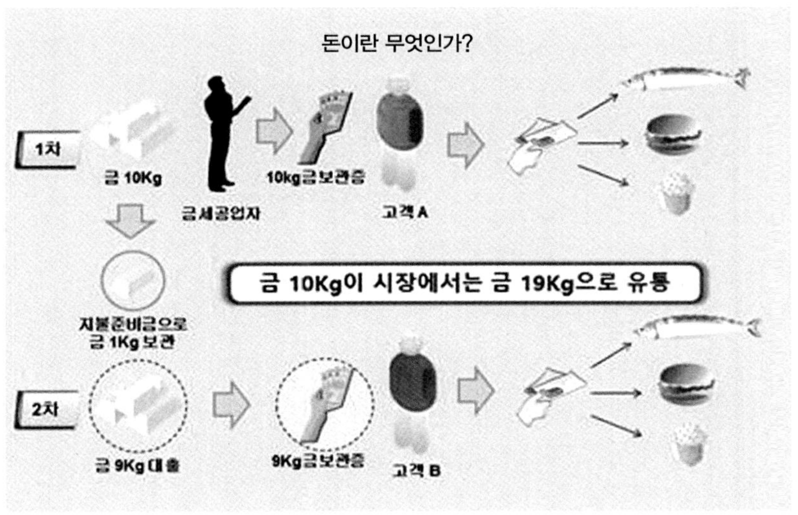

그림 3-1. 지폐의 기원. 지폐는 17세기 영국의 금 세공업자가 써준 금 보관증이 금 대신에 경제거래의 주요 수단이 되면서 생겨났다.

그런데 금 세공업자는 고객들이 금을 한꺼번에 찾으러 오지 않고, 동시에 몰려오지 않는다는 것을 깨닫고, 보관한 금을 몰래 돈이 필요한 사람들에게 빌려주고 이자를 받기로 한다. 예를 들어 10kg의 금을 보관하고 있다면 금을 찾으러 오는 고객들을 대비하여 1kg의 금만 지불보증금으로 금고에 보관하고, 9kg의 금은 대출을 한 것이다.

이를 알게 된 사람들이 항의하자 금 세공업자는 예금이자라는 걸 주기로 하고 사람들은 수긍한다. 당연히 대출이자가 훨씬 높았기 때문에 예금이자는 별문제가 되지 않았다. 그리고 금 세공업자는 더 나아가 보관증으로 거래를 한다는 걸 이용해 보유한 금보다 더 많은 보관증을 써주고 그에 따라 대출이자를 받는다. 훗날 영국왕실은 이를 정식으로 허가함으로써 금 세공업자는 은행가로 변모한다.

이 시스템은 지금 현재도 그대로 적용되고 있다. 한국은행에서 5,000억을 발행하여 A은행에 지급하고 A은행은 대기업 사장A에게 5,000억을 대출해 준다고 가정해 보자. 대기업 사장A가 거래처 회사 1에 5,000억을 지급하면 회사1은 현금보유율 5%인 250억을 금고에 넣고 나머지 4,750억을 B은행에 예치한다. 현재 우리나라의 지급준비율은 3.5%이므로 B은행은 166.3억(3.5%)을 금고에 남겨두고 나머지 4,583.8억을 사장 B에게 대출해 준다. 사장 B가 이 돈을 거래처 회사 2에 주면 회사2는 229.2억의 현금을 보유하고 나머지 4,354.6억을 C은행에 예치한다. C은행도 지급준비금 152.4억(3.5%)을 남겨두고 4,202.2억을 사장 C에게 대출한다. 이러한 방식으로 계속 대출이 이루어지면 결국 시중에서 사용되는 돈은 60조 60억이 된다. 즉 한국은행에서 발행한 5,000억 원이 실제 시중에서는 60조 60억 원으로 사용되는 것이다!

이렇게 화폐가치가 부풀려짐으로써 인플레이션이 발생한다. 과거에는 100원으로 고등어 한 마리를 살 수 있었다면 지금은 천 원으로 한 마리를 살 수 있다. 즉, 화폐가치가 10배로 떨어진 것이다. 반대로 말하면 시중에 예전보다 10배 많은 돈이 유통되고 있는 것이다.

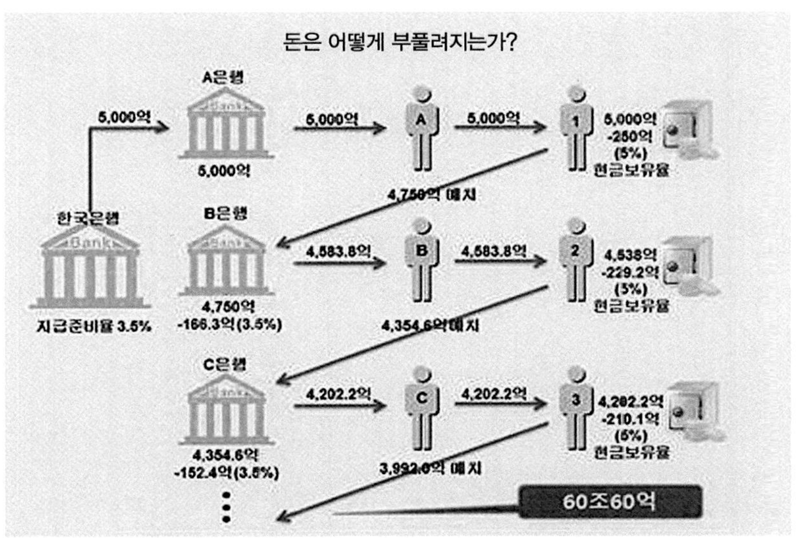

그림 3-2. 어떻게 화폐가 시장에서 부풀려져 인플레이션이 되는지를 나타낸 개념도

그러나 진짜 문제는 여기에 있지 않다. 은행으로부터 대출을 받아 돈을 빌린 사장 A, B, C는 이자를 포함하여 대출금을 모두 갚을 수 있을까?

결론부터 말하면 갚을 수 없다. 애당초 이자는 어디에도 없었기 때문이다. 은행에서 대출금리 5%로 A, B, C, D, E 5명에게 10,000원씩 대출해 주었다고 가정해 보자. 그러면 채무자는 각각 1년 후에 10,000원에 대출이자 500원을 더하여 10,500원을 갚아야 한다. 만약 5명 모두 대출이자를 갚는다면 은행은 10,500×5=52,500원이 들어와야 한다. 그러나 은행이 발행한 돈은 모두 50,000원. 시중에는 50,000원만 유통되고 이자에 해당하는 2,500원은 어디에도 없다. 결국 채무자 A, B, C, D, E 전원이 모두 대출금을 갚을 수 없다. 이중 누군가 1명이 파산하면 그 파산한 사람의 돈을 나머지 사람이 나누어 갖고 대출금을 갚는 것이다!

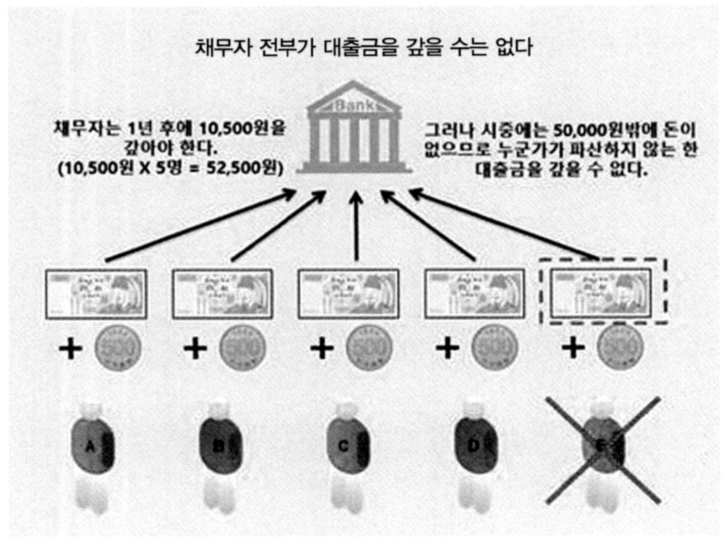

그림 3-3. 대출금을 갚으려면 누군가가 파산해야만 한다.

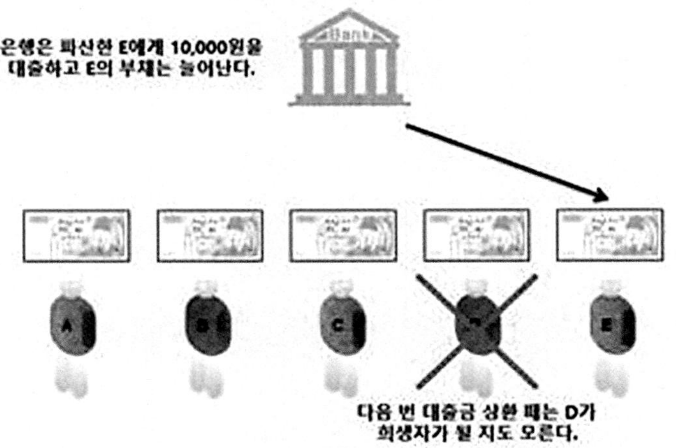

그림 3-4. 저마다 살아남으려고 무한 경쟁을 해야 하는 은행 시스템

은행은 파산한 채무자 E에게 10,000원을 다시 대출해 주고 E의 부
채는 늘어난다. 다음번 대출금 상환 때는 채무자 D가 희생자가 될지
도 모른다.

이러한 시스템에서 경쟁은 필연적이다. 내가 이자를 갚으려면 누군
가의 대출금을 가지고 와야 한다. 현재 금융시스템에서 빚을 갚는 것
은 개인한테는 좋은 일이지만 또 다른 문제를 일으킨다. 돈이 적게
돌면 결국 누군가는 이자를 갚을 수 없게 되고 그럼 그 사람은 파산
할 수밖에 없다. 그리고 당연히 수입이 적고, 빚은 많고 경제사정에
어두운 사람이 제일 먼저 피해자가 된다.

현재 금융시스템은 '빚 보존의 법칙'이 지배하는 시스템이다. 누군
가 돈을 갚으면 누군가는 파산한다. 모든 돈이 빚에서 시작하였기
때문이다. 그래서 자본주의 사회는 경쟁이 필연적이다. 이자 시스템
이 존재하는 한 다른 사람의 돈을 뺏기 위해 경쟁할 수밖에 없다. 우
리는 저마다 살아남기 위해서 경쟁을 한다. 바로 이것이 우리가 매일
돈, 돈, 돈 하며 사는 이유이다. 자본주의 세상에서 돈이 전부라는
말이 여기에서 나온 것이다. 우리의 경쟁이 여기에서 시작된 것이다.
우리 은행 시스템은 아이들의 의자 뺏기 놀이와 같다. 노래하고 춤추
는 동안은 낙오자가 없다. 하지만 음악이 멈추면 언제나 탈락자가 생
긴다. 왜냐하면 의자의 개수는 항상 사람보다 모자라기 때문이다.

칼 로저스가 말하였듯이 우리는 왜 진정한 자기 자신으로 살 수
없는가? 성인이 되어서도 자신이 원하는 일을 선택하지 못하고 주변
의 의미 있는 타인이 요구하는 직업을 선택하게 되는 것일까? 이 모
든 것이 우리 사회시스템이 우리에게 그러한 선택을 강요하고 있기
때문이다. 우리 부모님도 그러한 선택을 강요받았고, 이제 우리 자식

들에게도 그러한 선택을 하도록 강요하고 있다.

깨어있는 자본의 시대

현재 우리가 살고 있는 금융자본주의는 통화량의 증가에 의한 인플레이션이 필연적이며 대출에 의한 빚으로 이루어진 세상으로서, 성장이 멈추는 순간 언제 도태될지 모르기 때문에 기업은 생존을 위해 무한 경쟁을 해야만 하는 살벌한 세상이다. 기업은 최소한의 투자로 최대의 성과를 내는 이윤의 극대화를 미덕으로 여기며 근로자의 개인적 삶의 질의 향상과 자아실현보다는 가급적 저임금으로 노동력을 사용하기 위해 경영의 과정을 철저히 비밀에 부치며 성과를 재분배하지 않고 일부 소수가 독점하여 부의 불균형이 심화되고 있다.

개인은 기업에 입사할 때 '월 200만 원씩 받고 오래 다닐 수 있었으면' 하는 생존과 안정의 욕구로 직장생활을 시작하지만 시간이 지나면서 '전문가로 인정을 받았으면…', '일이 정말 보람되고 행복하기를…' 등 사회적 인정 및 자아실현의 욕구를 갈망하게 되나 현 노동시장은 일부 대기업 등을 제외하고는 급여인상이 물가상승율을 따라가지 못하고 새로운 도약의 기회가 제공되지 않아 더 나은 삶으로의 전환이 구조적으로 어렵게 되어 있다.

21세기 자본의 저자 토마 피케티는, 이러한 사회는 개인이 부채를 갚기 위해 평생을 일하면서 버는 근로소득보다 부자들이 자산을 소유함으로써 벌어들이는 자본소득이 더 많아 경제적 불평등이 심화되고 세습되며, 이러한 경제적 불평등의 심화는 경제성장을 둔화시키고 민주주의를 훼손하거 사회체제 전반을 위태롭게 한다고 하였다. 2016년 6월 미국 시애틀의 신용카드결제시스템 기업 그래비티 페이먼츠의 CEO 댄 프라이스는 100만 달러(10억 9천만 원)에 가까운 자신의 연봉을 직원들과 같은 수준인 7만 달러(7천 670만 원)로 90% 깎아 120명의 전 직원에게 7만 달러의 연봉을 지급하기로 하였다. 그는 자신과 직원 간 임금 격차가 커서는 안 된다면서 임금인상은 '도덕적 의무'라고 하였다.

그림 3-5. 미국의 댄 프라이스는 이익을 직원들에게 균등하게 분배하여 깨거있는 자본주의를 몸소 실천하였다.

이렇듯 경영의 전 과정을 투명하게 공개하고 이윤을 직원과 사업주가 공동으로 나누는 깨어있는 경영자들이 등장하고 있으며, 패트리서 애버딘(Patricia Aburdene)과 같은 미국의 미래학자들은 '영혼이 있는 기업의 승리', '가치를 추구하는 소비자', '사회책임투자' 등 '의식 있는 사람들이 만드는 깨어있는 자본의 시대'를 예견하고 있다.

| 직업사회의 변화

봉건주의, 산업화사회, 복지사회에서의 직업

과거 봉건사회에서 직업은 사회 기능 유지를 위해 사회에서 개인에게 부여되었다. 그래서 대부분의 직업은 태어나면서부터 주어지는 것이었으며 개인은 직업 선택의 자유가 없었다. 양반 귀족들의 자녀들은 글공부를 하여 과거 시험에 합격한 후 공직사회로 진출해야 했다. 오늘날의 직업개념으로는 공무원이 되는 것이다. 만약 어느 양반 자제가 공부에 관심이 없어서 과거 시험을 포기하면 오늘날같이 기술자, 농부, 예술가 등 직업훈련을 통해 다른 직업을 가질 수 없었다. 농사를 짓거나 도자기를 굽는 등 양반 신분이 아닌 평민 신분의 사람들이 하는 직업에 양반의 자제가 종사하는 것은 사회적으로 금기시 되어 있었기 때문이다. 따라서 공부가 적성에 맞지 않는 양반 자제들은 결국 직업을 갖지 못하고 흔히 말하는 한량이 되어서 집안 살림만 축내는 백수가 되어야 했다.

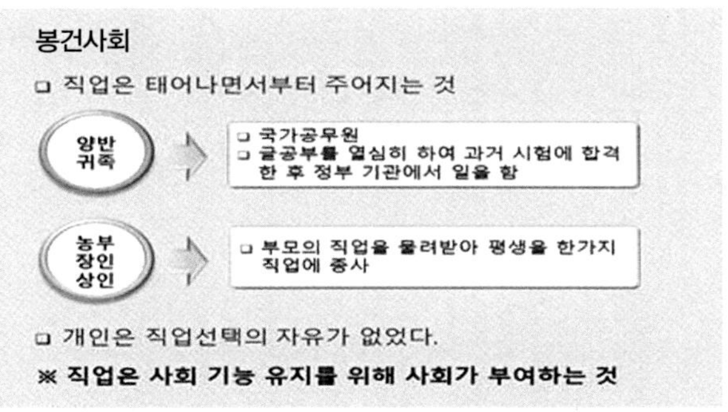

그림 3-6. 과거 봉건사회에서는 직업 선택의 자유가 없었다.

마찬가지로 평민의 자제들은 대부분 부모의 직업을 대물림해서 수행하였다. 농부의 자제는 농부가 되고 장인의 자제는 장인이 되었다. 별도의 직업훈련 기관이 존재하지 않았기 때문에 모든 직업훈련은 사업장에서 도제식으로 전수되었으며, 부모는 자식들에게 자신의 가업으로 기술을 전수하였다. 물론 당시 법으로도 평민이 과거 시험에 응시해서 공직사회로 갈 수 있는 길이 있었지만, 그것은 지극히 예외적인 일이었다.

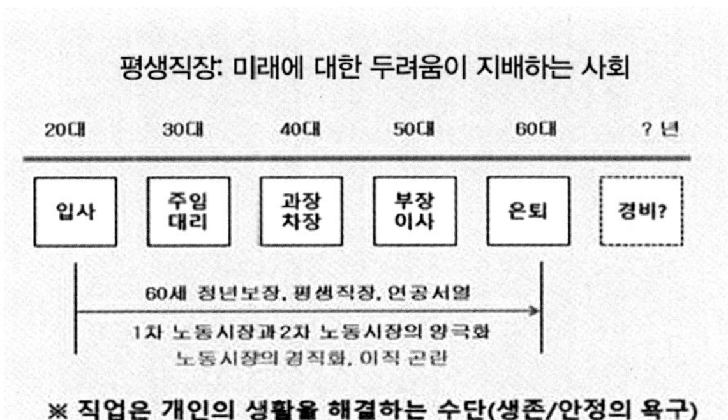

그림 3-7. 산업화시대는 평생직장 개념으로 처음에 어떤 회사에 입사하는 지가 개인의 일생을 좌우하였다.

20세기 현대사회에 들어서면서 개인은 직업 선택의 자유를 갖게 되었으며, 통상 평생직장의 개념에 의해 젊어서 한 번 택한 직장에서 60세 정년 때까지 일을 하였다. 그리고 임금이 높고, 근로조건이 양호한 대기업이나 공기업 등 1차 노동시장에 진입하면 근심 없이 잘살 수 있었으나, 중소기업 등 저임금의 열악한 노동조건의 2차 노동시장에 진입하면 매우 불안한 생활을 할 수밖에 없었다. 이때 직업은 개인의 생활고를 해결하는 수단이었으며 매슬로우의 욕구 5단계에 의하면 생존 및 안정의 욕구를 충족하기 위한 것이었다.

평생직장 모델은 과거 1970~1990년대 우리나라 모델로, 기업들은 신입사원을 뽑을 때 10년 후의 가능성을 보고 우수자원을 선발한 후 직무지식을 가르쳐서(신입사원 연수) 정년 때까지 계속 활용했다. 기업들은 명문 대학 출신 위주로 사원을 선발하였으며 이는 구직자 입장에서 어느 대학을 가느냐가 인생의 성공을 결정하는 가장 중요한 변수가 되었다. 그러다 보니 학생들은 너도나도 좋은 대학에 가기 위한 입시 위주의 과잉 경쟁을 하게 되었으며, 이는 엄청난 사교육을 성행시키고 이로 인해 많은 사회적 부작용이 발생하였다. 이 시스템은 공교육을 입시 위주로 변질시켰으며 학부모들을 사교육 시장에 의존하게 만들었다. 중학교, 고등학교에서도 진학상담이 대부분이었고 직업 선택을 위한 진로상담은 거의 이루어지지 않았다.

이러한 시스템에서는 1차 노동시장에 진입하지 못한 열악한 근로조건의 2차 노동시장에서만 이직이 발생한다. 공공기관이나 회사 조직에서도 진급의 야망을 품은 일부 계층만 열심히 일하며(그것도 윗사람에게 잘 보이기 위한 일에만) 대부분의 80% 사람들은 적당히 일하면서 안정적으로 급여를 받아가기를 희망하여, 성장은 정체되고 생산성은 점점 더 떨어졌다(그래서 지금도 공기업은 부채만 쌓여가고 그것은 국민의 세금으로 충당하고 있다). 성장의 힘을 잃은 기업들은 하나둘 도산했고, 기업들은 구조조정을 통해 능력 없는 사원들을 조기에 퇴출시켰으며 계약직, 연봉제, 성과급 위주의 시스템으로 변화를 시도하였다. 또한 미래의 가능성을 보고 사원을 뽑는 것이 아니라 지금 당장 직무를 수행할 수 있는 경력자 위주로 사원을 선발하였다. 이러한 변화에 따라 아웃소싱, 인재파견, 서치펌 등 HR 기업이 성장하기 시작하였다.

이 시스템은 인간의 미래에 대한 두려움에 기반한 시스템이다. 미래란 본질적으로 열려있는 가능성인데 사람들은 미래의 안정을 현재에서 고정시키고 싶어 하는 것이다. 그럼으로써 사람들은 현재에서 실존적인 삶을 살기보다 미래의 안정을 담보하고자 허구적인 삶을 선택하게 된다.

독일의 심리학자로 형태주의(게슈탈트) 이론의 창시자인 프리츠 펄스(Fritz Perls, 1893~1970)는 다음과 같이 말하였다.

현재는 내가 존재하는 실존적 장이며, 미래는 나의 존재가 실현되는 열려있는 가능성이다. 실존적 삶에서는 유기체의 자연스러운 욕구에 따라 지금-여기(Now and Here)에서의 삶에 충실하고, 미래의 고통을 피하기 위해 온 에너지를 미래를 계획하고 안전장치를 만드는 데 소모하지 않는다.
비현실적인 삶은 허구적인 목표를 설정하고, 끊임없이 그 목표에 도달하도록 자신을 채찍질하며 항상 도달하지 못한 부분 만큼에 대해 스스로 질책하는 비관적인 삶이다. 이러한 삶에서의 행동의 목표는 미래의 당위에 있으므로 현재는 영원히 부정적인 상태로 지각된다. 그러므로 개체는 현재를 있는 그대로 받아들일 수가 없다. 즉, 현재란 고쳐져야 할 그 무엇이다.

미래도 마찬가지로 어떠한 당위가 실현되어야 할 이론적인 시점으로 상정될 뿐, 실제로 유기체가 자신을 실현시키는 시간과 장소로서 열려 있는 미래는 거부된다. 반면에 실존적인 삶은 미래의 당위가 아니라 현재에 있는 것이 중심이 된다. 현재 살아 숨 쉬고 움직이는 나와 너, 너와 세계의 실존적 상황에서의 참 만남이 있을 뿐이다. 진정한 삶은 '남보다 나은' 자신을 입증하는 것이 아니라 자기 자신이 되는 것이다.

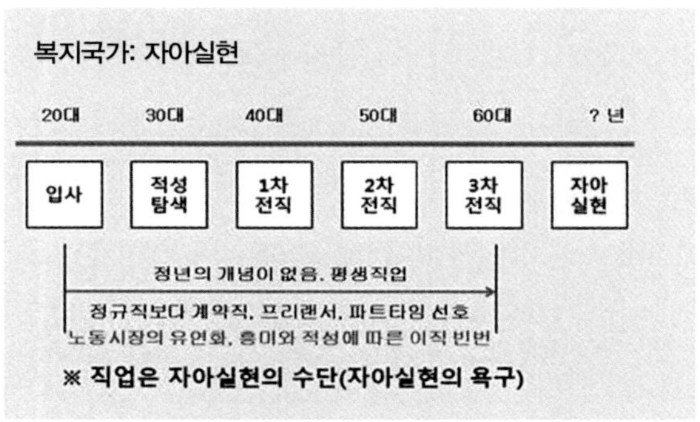

그림 3-8. 복지국가에서는 저마다 자아실현을 위해 직업을 선택한다.

21세기 복지국가에서 직업은 자아실현의 수단으로 인식되고 있다. 유럽의 복지국가들은 중학교 때 진로 탐색을 하여 교사, 교수, 연구원 등 학문에 종사할 학생들만 대학으로 진학하고 그 외 학생들은 특성화고 및 폴리택 대학, 직업학교 등에서 직업교육을 받고 일찍부터 직업생활을 시작한다. 취업을 하여 직장생활을 하면서 자신의 새로운 적성을 발견하고 새로운 일에 도전하고 싶으면 직장을 그만두고 실업수당을 받으면서 새로운 직무지식을 배우고 준비를 한다. 실업수당은 4년까지 지급하게 되어 있지만 대부분은 1년 이내에 취업을 한다.

복지국가에서는 정년과 정규직이라는 개념이 없으며 계약직, 프리랜서, 파트타임 일 등을 선호한다. 왜냐하면 언제라도 자신이 하고 싶은 일이 생길 때 이직하기가 쉬우며, 시간을 자신에게 유리하게 사용할 수 있기 때문이다. 그리고 끊임없이 자신의 직업흥미와 적성을 탐색하고 이에 따라 전직을 하기 때문에 평생 동안 닮게는 3~4번의 전직을 하고 있다.

복지국가들의 1인당 국민소득은 5만 달러 이상이다. 복지국가 근로자들은 남에게 잘 보이거나 해고되지 않기 위해 일하지 않고, 자신을 표현하기 위해서 일을 하므로 생산성이 높고 세계에서 창의성 지수가 가장 높다. 혹자는 "복지국가들은 돈이 많으니까 많은 세금을 거둘 수 있으므로 그러한 시스템을 운영할 수 있지만, 2만 달러 이하의 보통 국가들은 엄두도 내지 못할 일"이라고 말한다. 그러나 진실은 복지국가들이 그러한 시스템을 갖추었기 때문에 5만 달러 이상의 고소득을 올릴 수 있는 것이다. 이는 국민 의식의 문제이다. 복지국가 국민들은 직업을 간순한 돈벌이 수단으로 보지 않고 자신을 실현하는 수단으로 보기 때문에, 국민 합의에 의해서 많은 세금을 내고 언제라도 자신이 좋아하는 일을 하기로 선택한 것이다.

미래 직업사회

에니어그램에서는 자아(Ego)의 구조를 크게 머리형·가슴형·장(배)형
으로 구분하는데 이는 지성·감성·힘(파워), 진선미(眞善美), 삼위일체 등
세 가지 측면으로 인간을 이해하려는 여러 개념들과 일맥상통한다.
인류의 역사는 이러한 세 가지 측면에서 인류 의식이 발달한 역사와
맥을 같이한다. 인류의 의식은 처음에는 힘(파워)을 발달시켰고, 다음
은 지성, 감성 순으로 발달하였다. 그리고 한 기능이 발달하려면 다
른 기능은 상대적으로 억압되어야 했다. 인류는 전쟁을 하면서 게임
에서 승리하기 위해 머리를 최고도로 가동시켜야 했으며, 이 과정에
서 감성은 거의 무시되곤 하였다.

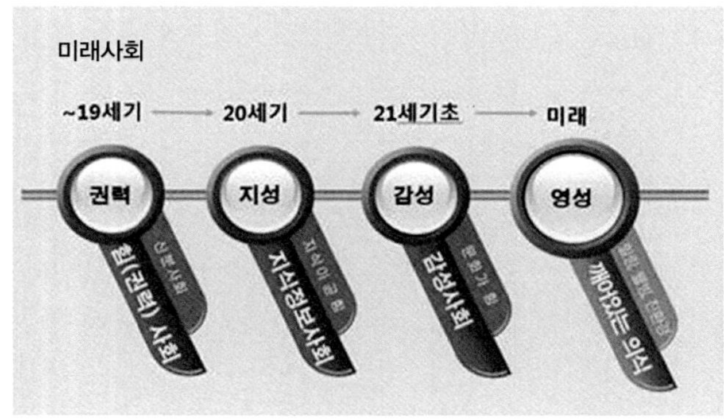

그림 3-9. 미래 사회는 깨어있는 의식의 사회가 도래할 것이다.

직업사회의 변화는 이러한 인류 의식의 변화와 맥을 같이한다. 과
거 고대 노예사회에서 권력의 핵심은 힘이었다. 이때는 일당백의 불
세출의 영웅들의 시대이다. 지금도 영웅들은 영화에서 중요한 단골

주인공이다. 아직도 많은 사람들은 영웅의 출현을 기대하고 있고 영웅들과 자신을 쉽게 동일시한다. 이 시대에서 출세하는 것은 남들보다 더 강한 힘과 능력을 갖춘 걸출한 영웅이 되는 것이었다. 영웅들은 자신의 지배력을 공고하기 위해 권력화되었으며, 사회를 신분적으로 구분하고 자신들은 지배계층이 되어 세습적으로 권력을 독차지하였다. 그들은 권력자들이었고 그러한 권력을 가진 자들은 왕, 귀족 등 정치가 및 행정 관료, 군인들이었다.

이때 지식인으로 대변되는 총명한 사람들은 권력자들의 밑에서 그들의 지식을 활용하여 권력자들의 통치를 돕는 일을 수행하였다. 그리고 감성을 대표하는 각종 예술가, 장인들, 기술자들은 더 낮은 신분으로 권력자 및 지식인들을 위해 봉사하여야 했다. 요즈음 인기 직업으로 선호하는 연예인, 장인들, 기술자들 등 문화 예술 방면의 직업인들은 당시는 매우 천한 직업들이었다. 우리나라도 예술가들은 사회적으로 미천한 신분으로 살았으며, 얼마 전까지만 해도 자녀가 음악, 미술, 작가 등을 하려고 하면 부모는 배가 고픈 직업이라며 극구 말렸던 것이다.

산업화가 되고 20세기에 들어서면서 정보통신의 발달과 함께 지식정보화 사회가 도래하였다. 이제는 지식정보 그 자체가 권력의 핵심으로 등장하였다. 지식정보를 생산해 내고, 이를 통제할 수 있는 층명한 지식인들이 사회의 부와 명예를 독차지하게 되었으며, 빌 게이츠처럼 새로운 지식인들이 가장 각광받는 직업이 된 것이다. 이제는 영웅들이 오히려 그들을 의해 봉사를 하고 있다.

21세기를 대변하는 오늘날은 감성의 시대이다. 대중문화의 발달과 함께 이제는 문화예술분야에 종사하는 연예인, 스포츠 스타, 가수

등 감성 노동자들이 가장 인기가 많으며 돈도 많이 번다. 청소년들은 그러한 스타가 되기 위해 너도나도 그 분야로 뛰어들고 있으며, 예전에는 자녀가 예술 분야의 일을 한다고 하면 극구 말리던 부모들은 이제 자기 자녀가 어릴 때 그 방면에서 재능이 있다고 보이면 그 아이를 성공시키기 위해 모든 지원을 아끼지 않는다.

그러면 다가오는 미래 사회는 무엇이 이슈가 될 것인가? 경제발전이 어느 정도 정점에 이른 미국 및 유럽의 복지국가들은 인간 수명이 연장과 함께 고령화가 진행되고 있으며, 단순한 생존을 넘어 인간이 존엄성을 유지하며 인간답게 사는 문제가 인생에서 가장 중요한 이슈로 대두되었다. 그래서 건강한 육체와 정신을 지향하는 웰빙, 웰니스, 힐링, 친환경 등이 중요한 이슈로 떠오르고 인류가 모두 하나라는 의식으로 함께 협력하며 공존을 추구하는 사회복지·봉사의 가치가 매우 중요하게 여겨지고 있다. 이제 인류는 그동안 발달시킨 지성, 감성을 바탕으로 영적인 성장을 이루어 나가는 깨어있는 의식의 시대로 가고 있는 것이다.

직업흥미, 직업강점, 직업가치

| 직업흥미

자기 이해

자기 이해는 나의 성격, 적성, 흥미, 경력, 과거 경험 등 나와 관련된 제반 사항을 모두 파악하여 자신의 내적 자원을 발굴해 내는 작업이다. 이를 도와주는 진단도구로는 MBTI 성격유형검사, 홀랜드 직업흥미검사, 프레디저 직업흥미 진단 등이 있다. 이러한 검사는 별도의 도구를 이용해야 하고 특히 내담자가 체험을 통해 자신을 이해하기까지는 많은 시간이 소요된다. 따라서 집단진로상담에 포함하여 실시하려면 별도의 과목으로 편성하고 내담자가 체험을 통해 자신을 이해할 수 있도록 충분한 시간을 할애해야 한다.

검사와는 별도로 과거 직업경력, 성공 경험 등 스스로 체험을 통하여 발달시킨 자신의 강점도 중요한 내적 자원이다. 자신의 강점 찾기 활동을 통해 이러한 내적 자원을 발굴하는 것은 검사 이상으로 중요하다. 나의 강점 발견은 진로자기효능감 향상에 직접적으로 영향을 미친다. 진로자기효능감은 특정 과제를 수행하기 위해 요구되는 행위를 시도하고 실행해 나가는 자신의 능력에 대한 자신감이며, 과제수행에 필요한 동기, 인지적 원동력, 행동의 방향을 결정하는 개인의 능력에 대한 판단과 신념이다. 인간은 자신의 흥미 및 강점과 직무가 일치할 때 업무 성과뿐만 아니라 직업만족도가 높아진다.

좋아하는 직업을 선택하라 – 최성봉

2012년 5월 tvN에서 방영된 '코리아 갓 탤런트' 프로그램에 유난히 평범해 보이는 한 청년이 노래를 부르기 위해 자기 순서를 기다리고 있었다. 그의 이름은 당시 22살의 최성봉.

심사위원1: 안녕하세요.

최성봉:　　안녕하세요. 22살 최성봉이라고 합니다.

심사위원1: 풍기는 외모로 봐서는 무슨 일을 하고 있는지 가늠할 수가 없네요.

최성봉:　　저 그냥 막노동하고 있습니다. (웃음)

심사위원1: 여기 지원서를 보니까 가족사항이 아무도 기재가 되어 있지 않아요.

최성봉:　　제가 3살 때 고아원에 맡겨졌는데요, 다섯 살 때 구타를 당해서 도망쳐 나왔어요.

심사위원2: 그럼 그 후에는 어떻게 사셨습니까?

최성봉:　　다섯 살 때부터 껌 팔고….

심사위원2: 누군가와 같이 생활했나요?

최성봉:　　아니요, 혼자.

심사위원1: 혼자 다섯 살 때부터?

최성봉:　　네, 거의 한 10년 동안 그렇게 살았어요. 계단이나 공중화장실 등

에서 하루살이처럼(살았어요).

심사위원1: 공부는 하셨나요? 학교는 다니셨나요?

최성봉:　아니요. 초등학교, 중학교 검정고시. 고등학교는…. 학교라는 곳을 처음 가보았어요.

심사위원1: 오늘 노래를 보여주실 건가요? 평소에 노래를 즐겨 부르셨나요?

최성봉:　즐겨 부르기보다는 하루살이처럼 살면서 처음 좋아한 것이 음악이어서 부르게 되었습니다.

심사위원1: 예, 그럼 노래 들어 볼게요.

('넬라 환타지아'를 부른다. 장엄한 성악의 노래가 그의 입에서 나오자 청중은 갑자기 숙연해진다. 어느새 사람들의 눈가가 촉촉해지고 눈물이 흐른다. 한 소절이 끝나자 우레와 같은 박수가 나온다. 그리고 심사위원들의 눈도 뜨거워지고 무언가 가슴이 뭉클하며 참을 수 없는 눈물이 심사위원들의 눈에서 하염없이 흐른다. 노래가 끝나고….)

심사위원1: 아! (눈물을 흘리며) 그냥 최성봉 씨를 너무 안아주고 싶어요.

심사위원2: 왜 노래하고 싶어요?

최성봉:　제가 어릴 때 좀 많은 사건들이 있었어요. 어디 팔려 가기도 하고…. 나이트에서 어떤 사람이 성악하는 모습을 보았는데, 나이트에서는 모두 신나는 노래만 하는데 거기서 진지하게 성악을 하는 모습에 매료가 되어서 그때부터 성악을 하게 되었어요.

심사위원2: 잘 알겠습니다. 그래서 성악 쪽으로 가고 싶으신 거군요. 제대로 배운 적은 없으시죠?

최성봉:　예, 혼자…. 무작정 박정소 성악교실 찾아가서 듣고 혼자서 연습했어요.

심사위원2: 여기서 어떻게 되든지 간에 레슨이 계속될 수 있도록 해드리고 싶
　　　　　네요.

심사위원3: 관객 반응 보시면 아시겠지만 얼마나 좋은 무대 만드셨는지 아실 거
　　　　　예요. 판정하겠습니다.

심사위원1: 합격입니다.

심사위원2: 합격입니다.

심사위원3: 합격입니다.

(최성봉 씨가 웃으며 퇴장한다.)

심사위원2: 저런 친구들은 어쨌든 그 어려움 속에서도 "하고 싶은 것을 할 거
　　　　　야!" 하고 달려가는 그런 열정은 잘하는 친구들도 가지기 힘든 것이
　　　　　거든요!

심사위원3: 음역이 사람의 마음을 움직이는 힘이 있어요!

심사위원1: 저 친구를 만난 것이 너무 다행스럽고, 행복하고…. 저 친구가 행복
　　　　　해졌으면 좋겠어요, 앞으로.

　최성봉 씨는 전국 5만여 명의 도전자 가운데 준우승을 하고, 이후 전 세계 65개국 주요 각종 외신 통신매체에서 주목을 받는다. 그리고 저스틴 비버, 패리스 힐튼 등 세계 스타들의 응원 메시지를 받았다. 또 미국 CNN은 TV 뉴스로 집중조명하고 미국 공연, 국내외 콘서트 방송을 통해 음악 여정을 계속 걷게 하였다.

　최성봉 씨는 가장 어려운 환경에서도 자신이 하고 싶은 것을 포기하지 않고 끝까지 해내어 세계를 감동시키며, 영국의 휴대폰 세일즈

그림 4-1. 최성봉 씨가 낸
자서전 에세이

맨에서 세계적인 성악가가 된 폴 포츠에 빗대어 '한국의 폴 포츠'라고 일컬어진다. 현재는 성악가로 활동하고 있고 자전적 에세이 『무조건 살아, 단 한 번의 삶이니까』를 출간했다.

이렇듯 직업흥미는 어떠한 어려움이 있더라도 이를 극복하게 할 수 있는 힘을 부여한다. 그래서 직업을 선택할 때 내가 하고 싶은 일을 선택하는 것이 중요하다. 만약 하기 싫은 일을 억지로 한다면 능률을 오르지 않을 것이며, 그 일에서 성과가 좋지 않으므로 결국 나는 타인과의 경쟁에서 낙오하고 말 것이다.

순수존재찾기

나는 커리어컨설턴트 양성과정 교육을 받으며 생애진로설계 집단상담 프로그램에 참여하였다. 오늘은 첫째 날, 자기 이해 및 나의 신념체계를 탐색하는 시간이다. 프로그램 시작에 앞서 오리엔테이션으로 강사에 의한 프로그램 소개 및 별칭 짓기, 자기소개가 있었다. 나는 나의 별칭을 '소울디렉터(SOUL DIRECTOR)'라고 지었다. 소울디렉터는 고객이 직업적으로 세상에서 해야 할 사명과 역할을 자각하게 최고 수준의 진로상담사를 뜻한다. 내가 되고자 하는 이상적인 목표를 나의 별칭으로 지은 것이다.

다음으로 자기소개를 위해 '순수존재찾기'를 하였다. 순수존재찾기란 신경언어프로그램(NLP)에서 주로 하는 기법으로 진정한 자신의 모습을 규정하는 것이다. 우리는 8명이 한 조가 되어 '나의 별칭의 의미', '이 프로그램에 참여하게 된 동기', '이 프로그램에서 이루고자 하는 것' 등을 주제로 서로 돌아가면서 자기소개를 한 다음 조원들이 발표자에게 느끼는 이미지와 그의 장점을 이야기해 주면서 아래 양식의 빈칸을 채워 넣었다.

특성 / 조원	동료가 본 나의 모습		내가 생각하는 나의 모습
조원 1	명확한	예의가 바른	성실한
조원 2	침착한	깊이 있는	아름다운
조원 3	예리한	눈이 예쁜	합리적인
조원 4	효심이 많은	애교 있는	귀여운
조원 5	책임감이 강한	논리적인	감성적인
조원 6	마음이 따뜻한	여유로운	편안한
조원 7	인정이 많은	부드러운	온화한
조원 8	매력 있는	카리스마 넘치는	기백 있는

그리고 나는 이 단어들 중에 나를 가장 잘 표현한다고 생각하는 단어 3개를 골라서 아래 괄호를 완성하였다. 그리고 나는 위 문장을 세 번 크게 외치며 나의 존재를 우주에 선언하였다.

나는 (명확하고), (깊이 있고), (여유로운) 사람입니다.

순수존재찾기는 나 스스로를 규정하는 것이다. 내가 그렇게 규정한 이상 나의 무의식은 그러한 존재가 되기 위해 움직인다. 실제로 나는 차후에 취업이 잘 안 되어 매우 초조한 적이 있었는데 내가 선언한 순수존재를 상기하고 "내가 왜 이러지? 나는 본래 여유로운 사람이잖아!" 하면서 자신감을 찾을 수 있었다.

직업선호도 검사

집단상담에 참여하기 전에 나는 고용노동부 직업소개 사이트(워크넷)에 들어가 직업선호도 검사를 온라인으로 하였다. 그리고 직업흥미 검사의 일환으로 프레디저 직업흥미 진단을 하였다.

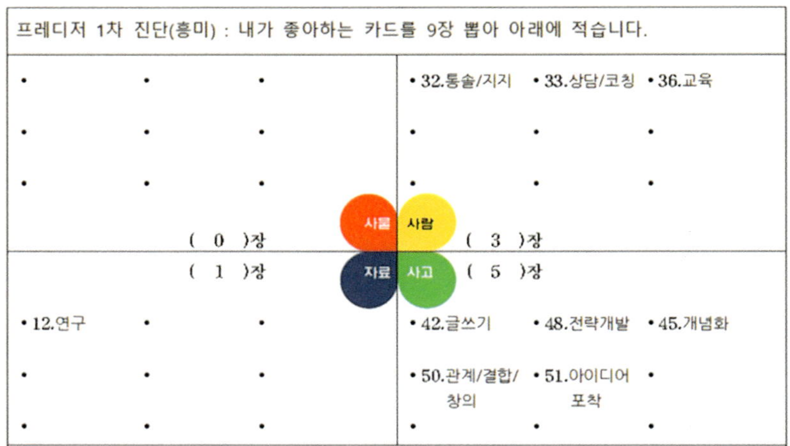

그림 4-2. 권일진 님의 프레디저 직업흥미 진단 결과

위 홀랜드 검사 육각형 모형에서 보이듯이 나는 탐구형 점수가 가장 높고, 다음으로 예술형, 사회형, 진취형 순으로 나타났다. 이를 반영하듯 프레디저 진단에서는 사고형이 가장 높고, 그다음으로 사람형이 높았다.

홀랜드 직업선호도 검사에서는 개인의 직업선호 유형을 현실형, 탐구형, 예술형, 사회형, 진취형, 관습형 6가지로 나누고 직무환경도 동일하게 여섯 가지로 나누어, 내가 선호하는 직업유형의 직무환경에서 일을 할 때 직무만족도가 높고 성공할 가능성이 높아진다고 가정한다.

현실형은 분명하고 질서정연하고 체계적인 것을 좋아하며, 연장이나 기계를 조작하는 활동 및 기술에 흥미가 있는 유형으로 주로 엔지니어들에게서 많이 나타난다. 탐구형은 관찰적·상징적·체계적이며 물리적·생물학적·문화적 현상의 창조적인 탐구를 수반하는 활동에 흥미가 있는 유형으로 학자 및 연구원 등에게 적합하다. 예술형은 예술적 창조와 표현, 변화와 다양성을 선호하고 틀에 박힌 것을 싫어하며 모호하고, 자유롭고, 상징적인 활동에 흥미가 있는 유형으로 음악가, 화가, 시인 등 순수예술가들과 디자이너 배우 등의 직업에서 나타난다.

사회형은 타인의 문제를 듣고, 이해하고, 도와주고, 치료해 주고, 봉사하는 활동에 흥미 있는 유형으로 사회복지 및 교육 분야에서 많이 나타난다. 진취형은 조직의 목적과 경제적인 이익을 얻기 위해 타인을 지도, 계획, 통제 관리하는 일과 그 결과로 얻어지는 명예, 인정, 권위에 흥미가 있는 유형으로 사업가, 정치가 등 직업에서 많이 나타난다. 관습형은 정해진 원칙과 계획에 따라 자료를 기록·정리·조직하는 일을 좋아하고 체계적인 작업환경에서 사무적·계산적 능력을 발휘하는 활동에 흥미 있는 유형으로 사무행정직에 적합하다.

프레디저 진단에서는 초록색의 아이디어 카드를 5장을 선택해서 홀랜드 검사와 마찬가지로 아이디어 지향임을 나타냈다. 그리고 노란색과 초록색으로 구성되어 교육에 많은 관심이 있는 것으로 분석되며 이는 홀랜드 검사의 사회형, 예술형과도 부합하고 있다.

| 직업강점

잘할 수 있는 직업을 선택하라 - 앤디 서키스

2012년 미국 산타바바라 국제 영화제. 한 남자가 이 영화제를 대표하는 비루투오소 상의 수상자 발표를 기다리고 있었다. 비루투오소 상은 연기력을 갖춘 젊은 배우들에게 주어지던 상이었다.

"올해의 수상자는 '앤디 서키스'입니다."

그런데 수상자는 평범한 외모에 이름마저 낯선 앤디 서키스였다. 영국 출신의 배우 앤디 서키스. 그는 48살에 이르기까지 무명에 가까웠다. 그에게 수상의 영광을 안겨준 영화는 2011년 개봉한 영화 '혹성탈출: 진화의 시작'으로 진화한 유인원과 인간과의 대결을 그린 SF영화로 총 4억 8천만 달러를 벌어들인 흥행작이다. 그런데 영화 속 어디에서도 앤디 서키스의 얼굴을 찾아볼 수 없었는데 어떻게 그는 이 영화로 최고의 연기상을 받게 된 것일까?

그것은 앤디가 주인공 시저의 역할을 모션 캡쳐 연기로 완벽하게 소화해 냈기 때문이었다. 비록 영화 속에서 그의 얼굴을 볼 수는 없었지만 시저의 목소리와 표정은 앤디의 것이었다.

1964년 영국에서 태어난 앤디 서키스는 모델 연출을 공부하던 중 우연히 연극에 출연하면서 배우의 길로 들어섰다. 그러나 작은 키에 다소 무서운 얼굴의 그에게 주어진 역할은 청소와 같은 허드렛일 뿐이었다. 좀처럼 배역이 주어지지 않았던 앤디는 단역을 전전하면서 가난한 연극배우를 벗어나지 못했다. 그러던 어느 날 극단 관계자로부터 오디션 제안을 받게 되었다. 그것은 세계적인 베스트셀러를 영화화 한 '반지의 제왕'이었다. 앤디에게 오디션 제안이 들어온 배역은 가상 캐릭터인 '골룸'을 모션 캡처로 연기하는 것이었다.

'우선은 골룸을 최선을 다해 연기해 보자. 이 역할을 잘해내면 다른 역을 맡을 수도 있잖아. 이걸 발판으로 할리우드의 스타가 되고 말 거야.'

앤디는 집에서 키우는 고양이로부터 모티브를 얻어 독특한 골룸 연기를 선보였고, 당당히 영화에 출연하게 되었다. 골룸은 앤디가 창조해낸 것과 다름이 없었다. 골룸의 기괴한 목소리와 웅크린 자세와 얼굴의 생김새 모두 그의 머릿속에서 나온 것이었다.

2002년 영화 '반지의 제왕'이 개봉되었다. 이 영화에서 가장 주목을 받은 캐릭터는 단연 골룸이었다. 기존 영화에서 볼 수 없던 독특한 캐릭터인 골룸은 큰 반향을 일으켰다. 골룸의 인기에 영화 또한 흥행할 수 있었다.

그러나 현실은 달랐다. 그에게 출연 요청이 들어오는 배역은 음악 프로듀서, 편집장 등 단역에 불과했다. 그러던 중 한 통의 전화가 걸

려왔다. '반지의 제왕' 감독 피터 잭슨으로부터였다. '킹콩' 영화의 주인공을 맡아 달라는 요구였다.

그에게 다가온 두 번째 기회. 이번에도 얼굴을 드러낼 수 없는 캐릭터였다. 앤디의 고민은 계속되었다. 이번에 킹콩 연기까지 한다면 모션 캡쳐 전문배우로 굳어질 수도 있었다.

'아…. 어떻게 하는 게 좋을까? 난 언제쯤 내 얼굴을 그대로 드러내고 연기를 할 수 있을까?'

그날 밤 앤디는 자신의 연기를 되돌아보는데….

'아! 어쩌면 나는 골룸이 반지를 쫓아가듯 스타가 되기만을 바랐던 건지도 몰라!'

인기만을 쫓았던 지난날을 반성하는 앤디. 킹콩 역할을 맡은 앤디는 킹콩 캐릭터를 연구하기 위해 아프리카 르완다까지 가서 야생보호구역에 머물면서 두 달 동안 고릴라에 대해 공부한 결과 고릴라의 습성은 물론 17가지 발성법을 모두 공부할 수 있었다. 결국 앤디는 영화 '킹콩'에서 다양한 몸짓과 표정으로 킹콩의 섬세한 감정을 완벽하게 표현하였다. 이 영화로 인해 킹콩이란 캐릭터뿐만 아니라 앤디 서키스라는 이름을 조금씩 알릴 수 있었다. 그리고 앤디를 괴롭히던 배우로서의 오랜 정체성의 고민도 해답이 보이기 시작했다.

"앞으로 모션 캡쳐 연기에 대해 더 공부할 생각이에요. 이 방면에서는 최고의 배우가 되고 싶습니다."

최고가 되기 위한 앤디의 노력은 더 깊이 더 넓게 모션 캡처에 대해 공부하는 것이었다. 그 결과물로 관련된 책까지 낼 수 있었다. 그리고 2011년 영화 '혹성탈출'에서 주인공 시저의 역을 맡아 생애 최고의 연기를 보여 주었다. 시저의 인간적이고 섬세한 감정 연기는 물론 놀라운 목소리 연기는 음성변조를 의심할 정도로 완벽했다. 흠잡을 데 없는 앤디 서키스의 연기에 관객과 평론가의 극찬이 쏟아졌다.

그러자 할리우드에 새로운 논쟁이 펼쳐졌다. 비록 얼굴을 가린 모션 캡처라 할지라도 그의 연기력을 인정하고 아카데미 연기상을 주어야 한다는 것이었다. 많은 팬들이 손수 동영상을 만들어 이 여론에 동참했다. 그리고 2011년 앤디는 마침내 최고의 연기자로 인정받게 되었다. 가상의 캐릭터에 영혼을 불어넣는 배우 앤디 서키스! 그는 여느 배우와 다름없는 열정과 철학으로 연기하는 배우였다.

직업강점은 통상 나의 역량과 밀접한 관계가 있다. 강점은 타고나는 것도 있지만, 그동안의 일 경험과 학습을 통해서 길러지기도 한다. 내가 근무하면서 경험한 모든 것은 나의 자산이다. 그리고 아무리 직업흥미도 중요하지만, 그 직무를 할 수 있는 능력이 갖추어지지 않았다면 지금 당장 그 일을 할 수 없다. 지금 당장 할 수 있는 일은 '내가 잘할 수 있는 일', 즉 직업강점이다. 그래서 직업강점은 통상 단기 직업목표가 된다. 그리고 현재는 능력을 갖추지는 않았지만, 꼭 하고 싶고, 해야만 하는 일로서 앞으로 직업훈련을 통해 능력을 갖추고 하려는 일은 중기 직업목표가 된다.

직업강점과 직업흥미는 통상 밀접한 관계가 있다. 운동도 처음에 내가 잘하지 못할 때는 재미가 없지만 계속 하면서 실력이 늘게 되면 점차적으로 재미가 생기고 그 운동에 흥미가 생긴다. 마찬가지로 어떤 직업도 잘 알지 못할 때는 흥미를 가지기 어렵다. 일을 하면서 숙달이 되면 나름대로 흥미가 생기는 것이다.

그러나 어떤 경우는 내가 하는 직무가 정말 나에게 맞지 않는데 억지로 하는 경우가 있다. 즉, 직업흥미와 직업강점이 현저히 다른 경우이다. 예를 들어, 나는 사무실에서 조용하게 혼자 집중력을 발휘하건서 일하는 것이 좋은데 영업부에 배치되어 늘상 밖에 나가 사람을 상대하고 사람을 설득하는 일을 해야 한다면 정말 심적인 부담이 클 것이다.

그래서 직업강점 진단 결과와 직업흥미 진단 결과를 비교해 보고 현저히 다를 경우 직무 스트레스가 어떠했는지 내담자에게 물어보아서 파악할 필요가 있다. 직무 스트레스가 많았다면 다음번 직무는 자신의 흥미에 부합하는 직무를 하도록 권해볼 수 있다.

직업강점 진단 결과

직업흥미 검사에 이어 강점 진단을 하였는데 나는 전에 군대에서 장교로 부대지휘, 작전계획, 훈련 등의 직무를 수행한 경험이 바탕이 되어 자료형이 가장 높았고 다음으로 사람 및 사고형, 사물형순으로 나타났다.

프레디저 2차 진단(강점) : 내가 잘할 수 있는 카드를 9장 뽑아 아래에 적습니다.

사물 (1)장	사람 (2)장
• 24.현장관리	• 32.통솔/지지 • 35.훈련/육성
자료 (4)장	사고 (2)장
• 2.예산책정 • 5.분류/정리 • 6.분석 • 8.검토	• 47.프리젠테이션 • 48.전략개발

그림 4-3. 권일진 님의 프레디저 직업강점 진단 결과

직업흥미 진단과 강점 진단 결과를 비교해 보면, 나는 직업흥미 면에서 초록색 사고 관련 카드가 가장 높은 점수를 나타내는데, 직업강점 진단에서는 그 분야보다는 흥미 진단에서 잘 나오지 않은 파란색 자료 카드가 많이 나타났다. 그리고 실제로 군에서는 행정 업무가 필요 이상으로 많았다. 물론 주어진 직무이니만큼 최선을 다해 그 일을 하였지만, 신이 나서 즐겁게 한 것은 아니다. 책임을 다하기 위해 싫어도 최선을 다해서 일을 한 것이다. 그러니 직무 스트레스가 쌓일 수밖에 없다.

직업강점은 실제로 일을 통해 경험한 사례가 많으므로 이러한 사례는 차후에 나의 직무 역량으로 발전시켜야 한다. 특히 자기소개서를 작성할 때 이러한 강점을 잘 발휘한 사례를 포함하여 작성하면 바람직하다. 예를 들어 나의 직무강점 중에 훈련육성 직무가 있고, 이를 발휘한 사례를 정리해 보면 아래와 같다.

1. 나의 직무 강점: 훈련 육성

2. 사례

1995년~1998년까지 3년간 군사 학교에서 교관으로 장교들을 대상으로 지휘통솔 훈련과목을 가르쳤는데, 항상 1시간 전에 교육 장소에 도착해서 교육준비 상태를 확인하고 부족한 부분은 현장에서 조치하여 원활한 교육이 진행되도록 하였다. 강의식 교육을 지양하고 시청각 교브재를 최대한 활용하여 실습 위주의 체험식으로 교육을 진행함으로써 교육생들의 교육 만족도가 높았고, 이러한 공로가 인정을 받아 최우수 교관으로 발탁되어 표창을 받았다.

이처럼 직업강점은 이것을 잘 발휘한 사례를 '언제, 어디서, 무엇을, 어떻게 + 성과'의 순서로 기술을 하면 차후 자기소개서의 나의 핵심 직무 역량을 작성할 때 그대로 활용할 수 있다.

보람을 느낄 수 있는 직업을 선택하라 – 실베스터 스탤론

1975년 4월, 미국 LA 할리우드. 영화 제작자 어윈 윙클러는 한 남자가 내민 '록키'의 시나리오를 보고 있었다.

윙클러: 생판 초짜치곤 제법인걸. 2만 5천 달러 주지. 신인 작가에게 이 정도면
　　　　 대단한 투자라고!
스탤론: 대신 조건이 있습니다. 이 영화의 주인공은 저여야 합니다! 제가 주연을
　　　　 맡을 수 없다면 시나리오를 팔지 않겠습니다.

반드시 자신이 주인공을 맡아야 한다는 황당한 조건을 내건 남자, 바로 '실베스터 스탤론'이었다.

할리우드 최고의 액션배우 '실베스터 스탤론'. 그는 1975년 '성난 황소', '좋은 친구들'을 제작한 할리우드의 유명 제작자 '어윈 윙클러'를 찾아가 한 편의 시나리오를 내밀었다. 그가 내민 것은 실베스터 스탤론의 대표작인 영화 '록키'의 시나리오였다. 이 시나리오는 우연한 기

회에 헤비급 세계 참피언에 도전하게 된 무명의 복서 '록키 발보아'의 감동적인 이야기를 담고 있었다.

실베스터 스탤론은 대학에서 연극을 전공하며 오랫동안 배우를 꿈꾸어 왔지만 수백 번의 오디션에서 실패하며 엑스트라를 전전하는 무명배우일 뿐이었다. 끝내 배우로서 희망을 찾지 못한 그는 마침내 배우의 꿈을 접기로 마음먹는다. 그런데 그때 당대 최고의 복서 '무하마드 알리'와 무명의 선수인 '척 웨프너'의 복싱경기가 중계되고 있었다. 척 웨프너는 최고의 실력자인 알리를 상대하여 경기를 포기하지 않고 15라운드까지 끝까지 버텨냈다.

'그래, 바로 이거야. 이걸 영화로 만드는 거야!'

이에 영감을 얻은 실베스터 스탤론은 이를 바탕으로 시나리오를 쓰기 시작한다. 그로부터 3일 후 시나리오가 완성되는데 이것이 바로 최고의 복싱영화 록키의 시나리오였다. 하지만,

윙클러: 신인인 자네를 주인공으로 영화를 만들 순 없어. 대신 값은 후하게 줄 테니 시나리오를 우리에게 팔게. 10만 달러 어떤가? 20만 달러! 좋아, 그러면 40만 달러!

스탤론: 이 영화의 주인공은 저여야 합니다. 제가 주연을 맡을 수 없다면 시나리오를 팔지 않겠습니다.

실베스터 스탤론은 자신이 주인공을 맡아야 한다는 고집을 꺾지 않았다.

"당신, 미쳤어요? 지금 집세가 몇 달이 밀렸는데…. 우린 돈이 필요하다고요!"
"하지만 난 배우야! 배우가 되기 위해 시나리오를 쓴 거라고!"

당시 그는 극심한 생활고에 시달리고 있었지만 배우의 꿈을 포기하지 않았다. 그리고 3개월 후 '록키'의 시나리오를 포기할 수 없었던 제작자 어윈 윙클러가 실베스터 스탤론을 주연으로 영화를 제작하기로 결정한다. 그리고 실베스터 스탤론을 찾아와서 제안한다.

윙클러: 영화를 계약하러 왔네. 자네 말대로 자네가 '록키'의 주인공이야. 그러나 자네가 주연을 맡는 대신에 조건이 있네. 자네의 출연료는 한 푼도 줄 수 없어. 그리고 영화 제작비는 100만 달러뿐이라네.
스탤론: 물론입니다. 감사합니다.

당시 영화 한 편의 평균 제작비는 약 500만 달러. 영화 '록키'의 제작비는 1/5에 불과한 100만 달러뿐이었지만, 이를 배우로서 성공할 수 있는 마지막 기회라고 여긴 실베스터 스탤론은 이 제안을 받아들인다.

그리고 1975년 12월 추운 겨울날, 필라델피아에서 영화 '록키'의 첫 촬영이 시작된다. 하지만 실베스터 스탤론은 제작비를 아끼기 위해 갖은 방법들을 동원해야 했다. 그는 배우들의 출연료를 아끼기 위해 자신의 동생 '프랭크 스탤론 주니어'를 거리의 음악가로 출연시켰고 아버지 '프랭크 스탤론'을 복싱 경기에서 종을 울리는 경기 관계자로 출연시켰다. 또한 주인공인 록키가 쓰고 있던 중절모와 검은색 외투도 실베스터 스탤론이 평소 입던 옷들이었다.

이뿐만이 아니었다.

"꼭 우리 집에서 찍어야 해요?"
"당신도 알다시피 장소를 빌릴 돈이 없어서 그래. 허락해줘, 샤샤!"
"여긴 너무 좁고 지저분해요. 이게 우리 집이란 게 알려지면 창피하단 말이에요."

영화에서 록키가 살던 좁고 냄새나는 집 또한 실제로 실베스터 스탤론이 살던 집이었다. 그렇게 열악한 환경 속에서도 촬영은 계속되었고 마침내 가장 중요한 촬영이 남게 된다.

록키가 힘겹게 계단을 뛰어올라 도시를 바라보며 두 손을 치켜 드는 영화에서 가장 인상적인 이 장면은, 록키가 무명복서에서 인생의 승리자로 거듭난다는 매우 상징적인 의미를 담은 매우 중요한 장면이었다. 그런데 촬영장소로 정해 두었던 필라델피아 미술관이 촬영을 허락하지 않은 것이다. 제작진이 제시한 촬영 대여료가 턱없이 부족했고 당시 주연인 실베스터 스탤론이 알려지지 않은 무명의 배우였기 때문에 수차례 촬영 협조를 요청했음에도 불구하고 허가를 받지 못한 것이다.

'이 모든 게 내 욕심인 걸까? 정말 감독 말 대로 포기를 해야 하나?'
'아니야, 이대로 포기할 수 없어!'

결국 실베스터 스탤론은 처음 계획했던 장소인 필라델피아 미술관에서 촬영을 하되, 시간 배경을 낮에서 새벽으로 변경한 뒤 경비가 소홀한 새벽을 틈타 몰래 촬영을 감행했다.

그리고 촬영을 시작한 지 28일 만에 모든 촬영이 끝난다.

드디어 1976년 11월, 영화 '록키'의 시사회가 열린다. 수백 명의 감독과 제작자, 기자들이 모인 가운데 실베스터 스탤론과 그의 작품이 세상에 처음으로 공개되는 날이었다.

'내 생애 가장 떨리는 순간이군!'

잠시 후 드디어 영화가 시작되는데…. 영화가 상영되자 그의 눈이 점점 뜨거워졌다. 영화 속 록키는 실베스터 스탤론 자신이었다. 그는 아무도 찾지 않는 삼류 배우에 불과한 자신을 무명의 복서 '록키'에 투영했다. 멍들고 피가 흐르는 상처투성이 록키의 얼굴은 배우로서 실패를 거듭하던 자신의 얼굴과 같았다. 마침내 15라운드를 끝까지 버텨낸 록키는 누구도 기대하지 않은 영화를 끝내 완성한 실베스터 스탤론 자신이었다. 두 시간 후, 영화는 끝이 나고 극장 안은 정적이 흘렀다.

'영화는 망한 것 같군.'
'괜찮아, 나는 최선을 다했고 꿈을 이루었으니 그걸로 된 거야.'

그때 박수 소리가 터져 나오기 시작한다. 관객들은 기립박수와 함께 뜨거운 환호를 보냈다.

"여보! 당신이 해냈어요!"

결국 영화 '록키'는 1977년 아카데미 시상식에서 최우수 작품상을 수상하며 작품성을 인정받았고, 전 세계에서 한화 9천억 원의 흥행 수익을 기록하며 작품성과 흥행 모두 큰 성공을 거둔다.

배우가 되고자 하는 자신의 신념을 지킨 실베스터 스탤론. 그는 가난으로 힘든 날을 보내면서도 일시적으로 돈을 벌 수 있는 유혹이 있었지만 배우로서 자신의 일에서 보람을 찾고자 하는 처음의 의지를 꺾지 않았다.

직업가치 진단

프레디저 직업흥미로 뽑은 9장의 카드 중에서 그림만 보고 마음에 이끌리는 카드 세 장을 골랐다. 그리고 왜 그 카드를 골랐는지를 실습지에 적어 내려갔다.

그림 4-4. 권일진 님의 프레디저 직업가치 진단 결과

첫 번째 카드는 상상력을 발휘하여 좋은 프로그램을 만드는 것이고, 두 번째 카드는 힘들고 지친 사람들을 격려하여 용기를 주는 것이며, 세 번째 카드는 내가 개발한 프로그램을 교육을 통해 널리 보급하는 것이다. 그리고 이렇게 적은 세 가지 카드의 의미를 재구성하

여 하나의 문장으로 완성하였다.

"내 상상력과 창의력을 최대한 발휘하여 진로상담 프로그램을 개발하여 자신의
진로를 고민하는 사람들에게 용기를 주고 이를 대중화하여 널리 전파하는 것!"

직업옵션 찾기

실습을 하면서 가까운 동료들과 서로의 경험을 나누며 이야기를
하다 보니 세 시간이라는 시간이 언제 흘러갔는지 모르게 지나갔다.
진행자는 지금까지 실습한 결과를 일목요연하게 정리를 하고 내가
할 수 있는 일이 무엇이 있는지 살펴보자고 하였다. 우리는 아래의
양식지에 지금까지 실습한 결과를 적어보았다.

직업옵션 정리표

직업가치	내 상상력과 창의력을 최대한 발휘하여 진로상담 프로그램을 개발하여 자신의 진로를 고민하는 사람들에게 용기를 주고 이를 대중화하여 널리 전파하는 것		
직업흥미		**직업 강점**	
평소부터 생각하셨던 하고 싶은 일	직업상담사	전공 및 일 경험	직업군인(육군장교)
	전직지원전문가		기획 및 행정
	작가 및 강사		교육훈련
홀랜드 추천직업	사회심리학자	보유 자격증 나의 강점	직업상담사 자격증
	사회과학 연구원		강의 및 교육
	자연과학 연구원		물리학, 심리학
직업흥미 진단결과	교육	직업강점 진단결과	글쓰기
	상담/코칭		분류/정리
	개념화		프리젠테이션

그림 4-5. 권일진 님의 직업옵션 찾기 결과

이렇게 일목요연하게 정리를 하니 나 자신이 어느 정도 정리되는 느낌이 들었다. 여기 적힌 것들은 나의 내적 자원들로서 향후 내가 수립한 목표를 달성하는 데 내가 활용해야 할 수단이 될 것이다.

그러나 사회과학 연구원이나 심리학자 등의 직업은 당장 될 수 있는 것이 아니다. 많은 시간과 노력을 들여서 내가 역량을 개발해야만 가능한 것들이다. 아무리 빨라도 최소한 5년 이상은 걸릴 것이다. 진로상담사나 전직지원전문가는 내가 좀 더 노력한다면 1년 안에 할 수 있을 것이다. 그리고 직업가치와 견주어 볼 때 위 여러 가지의 직업 및 직무 중에서 직업가치에 가장 부합하는 직업은 진로상담사나 전직지원전문가이다.

생애진로설계

| 생애진로 발달이론

생애진로의 정의

'생애'는 사전적인 의미로 '살아있는 한평생의 기간'을 뜻하고, '진로설계'란 '자신의 삶을 돌아보고 앞으로 나아가야 할 방향을 계획하는 것'이다. 생애진로는 한 개인이 일생 동안 참여하는 일과 여가활동의 연속적 과정을 포괄하는 개념으로 여기에는 생활하는 데 필요한 기본적인 활동(결혼, 양육, 주택 마련 등), 교육과 관련된 활동(진로, 직업훈련 등), 일과 관련된 활동(자아실현, 경제적 수단으로서의 직업 등) 그리고 여가와 관련된 활동 등이 포함된다.

개인이 보람 있고 가치 있는 삶을 누리기 위해서는 건축의 설계도와 같이 우리의 생애에도 생애진로설계도가 필요하다. 생애진로설계는 삶에 의미를 부여하는 모든 역할과 관계를 아우르는 생활양식을 구축하고, 그것을 향해 나아가는데 쓰는 수단이다. 생애진로설계는 생애 주기에서 변화에 적응하는 수단을 제공해 주며, 생애에 풍요로운 기회를 부여해 준다

생애진로발달 이론

인간은 누구나 태어나서 성장하고 학업을 마친 후에 경제활동에 참여하면서 부모로부터 독립하여 결혼을 하며 임신, 출산, 수유, 양육 등의 과정을 거친다. 그리고 성인 후기에는 자녀의 결혼, 정년, 배우자의 사망, 본인 사망 등 생애 단계를 따르게 되는 데 이것을 생애주기(life-cycle)라 한다. 우리의 생애는 기계적이고 단순한 과정이 아니라 항상 변동하는 상황에 갖게 주체적으로 대처하는 과정이다.

생애진로발달은 전 생애에 걸친 자기발달이며, 진로는 생애의 전 단계에 걸쳐 끊임없이 사람들의 욕구를 만족시킬 수 있도록 설계되어야 한다. 긴즈버그(Ginzberg)는 개인의 진로선택이 일회적인 행위, 즉 단일 결정이 아니라 장기간에 걸쳐서 이루어지는 일련의 결정이며 생애 주기에 따라 변화, 발달하는 것이라고 하였다.

슈퍼(Super)는 진로발달 과정을 전 생애적으로 조망하고 있는 대표적인 학자이다. 슈퍼는 직업발달단계를 성장기(0~15세), 탐색기(12~24세), 확립기(25~44세), 유지기(45~64세), 쇠퇴기(65세 이상)로 구분하였다. 그러나 슈퍼는 발달단계가 단순히 고정된 것은 아니고, 전 생애를 통해 발달과제가 순환과 재순환을 반복하는 것으로 보았다. 개인은 하나 또는 그 이상의 단계를 재순환할 수 있다. 예를 들어, 특정 직업에서 해직을 경험한 사람은 새르운 성장단계를 경험할 수 있고 직업전환을 준비하게 될 수 있다. 이런 예에서 개인은 유지기에 도달했지만 새롭고 다른 위치를 찾는 탐색기로 되돌아갈 수 있다.

[슈퍼의 전 생애를 통한 발달과제의 순환과 재순환]

생애 단계	청소년기 14~24세	성인 초기 25~44세	성인 중기 45~64세	성인 후기 65세 이상
성장기	현실적인 자기개념을 학습	타인과 관계하는 것을 학습	개인의 한계 수용 학습	비직업적 역할을 개발
탐색기	많은 기회에 대해 더욱 학습	바라는 일을 할 기회 발견	일에 대한 새로운 문제를 발견	좋은 은퇴 시간을 찾음
확립기	선택한 분야에서 시작	영속적 위치에 정착	새로운 기술을 개발	항상 원해왔던 일을 함
유지기	현재의 직업 선택 확인	직업적 위치를 안정적으로 만듦	경쟁에 대해 자신을 지킴	계속 즐기는 것을 유지함
쇠퇴기	취미에 시간을 덜 투자	체육활동 참여 감소	필수적인 활동에만 초점	작업시간 감소

표 5-1. "A Life-Span, Life-Space Approach to Career Developnint," by D. E. Super. In Career Coise and Development: Applying Contemporary Theorles to Practice, 2nd ed., by Brown, L. Brooks, and Associates, P.206. ©1990 by Jossey-Bass, Inc., Publishers. Reprinted by permission.

프로이트의 신봉자였던 독일 출신의 미국 정신분석학자 에릭슨(Erikson)은 인간의 발달을 프로이트 심리학에 근거하여 8단계로 제시하였다. 에릭슨에 의하면 중년기는 아래에서 보는 바와 같이 생산성 대 침체감(Generativity VS Stagnation)의 위기를 겪는 시기이다.

[에릭슨의 인간 심리사회적 발달 8단계]

구 분	발달과업	시 기
1단계	신뢰감 대 불신감	출생~생후 1년, 구강기
2단계	자율성 대 수치심	1~3세, 항문기
3단계	주도성 대 죄책감	3~5세, 남근기
4단계	근면성 대 열등감	5~12세, 잠복기
5단계	정체감 대 역할혼미	청소년기, 생식기

6단계	친밀감 대 고립감	성인 초기
7단계	생산성 대 침체성	성인 중기
8단계	통합성 대 절망감	노년기

표 5-2. Erikson, E. H.(1982), The life cycle completed: A review, New York: Norton.

생산성이란 개인이 스스로 다음 세대에 물려주기를 기대하는 어떤 특징을 소유하고 있음에 대한 자신감을 의미한다. 중년기의 주된 관심은 부모됨과 직업에서의 성취를 통해 자신의 흔적을 영속적으로 남길 수 있는 무엇인가를 생산하는 것이다. 중년기 생산성의 확립에 실패하게 되면, 자신의 삶의 목적과 과정 및 선택에 대한 회의와 회한으로 빠져들게 되어 침체감에 몰입할 위험이 있다.

데이비드 티드만(David Tiedeman)은 '진로발달은 분화(Differentiation)와 통합(Integration)의 의사결정 과정을 겪는다'고 보았다. 분화란 직업의 다양한 특성들을 규명하고 연구하여 자기를 평가하는 과정이다. 여성이 직장을 떠나는 것은 외적인 힘(결혼, 육아 등) 또는 내적인 심리적 추동(충족되지 않은 욕구, 변화하는 열망, 역할 혼돈)이 원인일 수 있다. 이럴 경우 새로운 의사결정이 시작되는데 이 의사결정은 분화에서 시작해서 궁극적으로는 통합에 도달하는 방식으로 이루어진다.

진로 선택이란 개인이 자신의 내면을 탐색해서 진로방향을 발견한 후 의사결정을 하는 것이다. 이 이론은 각 개인이 자기 향상의 잠재력을 가지고 있다고 본다. 자신의 현재 위치를 명확히 하고, 예상하는 진로환경에 자기 자신을 투사하는 것은 자기발달의 예이다. 사람이 자신의 신념체계를 이해하는 것은 의사결정 과정의 산물이고 의사결정이 주도하는 삶을 살도록 하는 것이다.

생애진로설계 프로그램

우리가 하는 생애진로설계 프로그램은 콜로라도 주립 대학교(Colorado State University)에서 1980년대 이래로 계속 실시되고 있는 생애워크숍을 기반으로 설계된 것이다. 이 프로그램은 사람들이 생애설계 개발에 적극적으로 관여하도록 하며, 각 개인이 자신의 미래를 개발하는데 책임이 있다는 것을 인식하게 하려고 기획되었다.

구 분	모듈명	모듈내용	소요 시간
생애진로 설계		오리엔테이션(프로그램 소개, 별칭 짓기, 자기소개)	1
	자기 이해	· 나의 직업흥미, 나의 직업강점, 나의 직업가치 · 직업옵션 찾기	2
	나의 신념체계 탐색	· 생애곡선 그리기(시그모이드 곡선) · 과거 선택 회상하기, 절정 경험 이야기하기 · 내 인생의 전환점	3
	나의 욕구 탐색	· 나는 어떠한 삶을 살고 싶은가? - 생애설계 6대 영역 · 나는 무엇을 원하고 있는가? - 나의 바람 목록(Want-Have List) 작성 · 바람(Want)을 목표로	1
	생애진로 설계	· 카니자 삼각형 · 상상체험(10년 후 내 모습) · 특별한 날의 하루(명료화) · 직업사명 선언서 작성 · 직업가치, 통합비전 · 생애진로설계도 완성	4
	나의 다짐	· 큰 목표를 성취하는 방법	1
총시간			12

표 5-3. 미국 콜로라도 대학의 생애워크숍을 벤치마킹하여 작성한 생애진로설계 프로그램

| 나의 신념체계 탐색

전형적인 하루와 일탈

2010년 9월, 나는 여느 때와 변함없이 국방부로 출근하기 위해 아침 7시 10분경 사당역에서 전철을 탔다. 매일 사당역에서 삼각지역으로 전철을 타고 출근을 하였는데 아침잠이 많은 탓에 의자에 앉아서 조금 졸다 보면 벌써 삼각지역에 도착하여 내려야 했다. 나는 항상 전철에서 내리지 않고 삼각지역을 그냥 지나쳐 졸면서 잠이 깰 때까지 가보고 싶었다. 그러던 어느 날 하루 휴가를 내고, 집에는 휴가라는 사실을 말하지 않고 여느 날과 같이 출근을 하였다. 그리고 삼각지역에서 내리지 않고 전철에서 졸면서 갈 때까지 갔다. 한참을 졸다 깨보니 혜화역까지 왔고, 거기서 내려 마로니에 공원엘 갔다. 공원 벤치에는 어느 노숙자로 짐작되는 사람이 누워 있었는데 소주병 2개가 머리맡에 놓여 있었다. 청소부 아저씨는 청소를 막 끝내고 자판기에서 커피를 빼서 마시고 있었다. 이른 아침 그러한 모습들은 매우 평화로워 보였다.

그때 문득 내가 지금까지 살면서 단 하루도 규정되지 않은 날을 산적이 없다는 것을 깨달았다. 초등학교에 입학하면서부터 중학교, 고등학교를 다닐 때까지 오늘은 무엇을 해야 하고, 내일은 무엇을 해야 하는 등 항상 학생으로서 해야 할 일이 있었으며, 사관학교를 졸업하고 직업군인이 되어서도 오늘 해야 할 일과 내일 해야 할 일이 항상 규정되어 있었다. 결혼을 한 후에는 집에서 쉬는 날에도 한 집안의 가장으로서, 남편으로서, 아버지로서 항상 내가 해야 할 역할이 규정되어 있었다. 그처럼 26년간 직장생활을 하면서 단 하루도 규정되지 않은 삶을 산 적이 없었다.

그러나 그 순간만큼은 그 어떠한 규정도 없이 순수하게 자연인으로 존재하는 시간이었다. 그러자 갑자기 세상이 너무도 평화롭게 보였으며 모든 것이 선명하고 아름다웠다. 그리고 삼각지역에서 국방부까지 몇 년 동안을 출퇴근하였는데도 내가 안 본 것들이 그렇게 많음을 알았다. "아! 저런 간판도 있었나?", "이런 꽃도 피어 있었구나!" 등등 생전 처음 보는 것들이 그렇게 많았다. 그러면서 문득 지금까지 살아온 삶이 사회가 부여한 책무를 다하는 삶이었다면, 앞으로의 삶은 내가 규정한 대로의 진정한 나로 살아가는 삶을 살아야겠다는 결심을 하게 되었다.

군대에 있는 한 내가 원하는 삶을 살기는 어려웠다. 그래서 제2의 인생을 설계할 수 있는 나만의 시간을 가져 보고자 전역지원서를 제출하였다. 주변의 지인들은 "어디 좋은 데가 정해져 있나 보지? 그러니까 이렇게 과감히 퇴직을 하지!" 하고 부러운 듯 말하거나, "앞으로 뭐할 건데? 뭐가 되었든지 넌 잘할 수 있을 거야!" 하고 격려를 해주었다. 그러면 나는 "무엇을 할지 정해진 것은 없다. 모른다. 이제부터 찾아야 한다. 그러나 확실한 것은 여기 있는 게 답이 아니라는 거다."

라고 대답하였다.

신호(SIGN)

전직지원교육을 받으면서 새로운 직업을 찾기 위해 진로상담을 받았다. 상담사 선생님께서 "앞으로 미래 사회를 전망한 책인데 읽어크면 도움이 될 거예요."라고 말하면서 나에게 『메가트랜드 2010』이라는 책을 건네주셨다. 나는 그 책을 집에 가지고 와서 여기저기 넘겨보다가 우연히 거기에 미국 경영 월간지 <패스트컴퍼니>의 사명 선언서를 보게 되었다.

우리는 일(JOB)이 단순히 돈벌이의 수단이라고 생각하지 않는다.
일(JOB)이란 스스로 완전하게 이해한 자기 자신의 궁극적인 표현이다.

위 글귀를 보는 순간 내 심장이 멎는 것 같았으며, '아! 바로 이것이야!'라는 통찰과 함께 나 자신이 가야 할 길을 알게 되었다. 나는 사람들에게 그들이 자기 자신을 올바르게 알고, 자신을 표현하며, 궁극적으로 자신을 실현하는 길을 갈 수 있도록 도와주는 사람이 되어야겠다고 결심했다. 나는 다음 날 상담사 선생님을 찾아가서 다짜고짜 물었다.

"선생님, 저는 자신이 어떤 직업을 가져야 할지 고민하는 사람들이 스스로 자신을 표현하며 궁극적으로 자신을 실현하는 직업을 가질 수 있도록 안내하는 사람이 되고 싶어요. 그러한 직업이 있나요?"

"예, 직업상담사가 그러한 일을 하는 사람입니다."

"직업상담사가 되려면 어떻게 하나요?"

"직업상담사는 1년에 3번 국가시험이 있는데 올해 7월에 2회차 시험이 있네요. 시험에 합격하면 국가자격증을 취득할 수 있습니다."

"자격증만 취득하면 되나요?"

"아니요. 그것은 가장 기초적인 것이고, 실제로 직무를 하려면 MBTI 성격검사, 스트롱 직업흥미 검사, 집단상담 진행 등 직무에 필요한 다른 지식들도 습득하셔야 합니다."

나는 직업상담사로서 바로 일할 수 있는 역량을 갖추기 위해 직업상담사 자격증 취득 공부를 하면서 동시에 직무지식 습득을 위한 각종 교육도 함께 준비하였다. 숙명여자대학교상담전문가 교육, 삼성 SDS 커리어컨설턴트 양성교육, 직업상담사 자격증 과정, MBTI 일반강사 과정, 에니어그램 일반강사 과정 등….

그리고 2011년에 나는 모든 교육을 성공적으로 수료하고 직업상담사 자격증을 취득하였다.

그보다 5년 전에 나는 진로상담사가 되기 위한 준비를 하였다. 군장교로 근무하면서도 물리학과 심리학이 알고 싶어서 그와 관련된 책을 지속적으로 읽으며 지식을 습득했다. 내가 일하는 직무환경에서는 이것들을 쓸 곳은 전혀 없었다. 특별한 이유 없이 그냥 좋아서 공부한 것이다. 지금은 그때 공부하던 것들이 내가 진로상담을 하는데 가장 중요한 자원이 되었음을 안다. 나의 무의식은 앞으로 내가 진로상담을 할 것을 알고 이미 그때부터 준비를 시켰던 것이다.

나의 생애는 무의식이 그 자신을 실현한 역사이다. 무의식에 있는 모든 것은 사건이 되고 밖의 현상으로 나타나며, 인격 또한 무의식적인 여러 조건에 근거하여 발전하여 스스로를 전체로서 체험하게 된다.

- 칼 융

내가 살면서 경험하는 모든 것은 사실 무의식 안에 이미 존재하고 있었던 것들이다. 그것들은 적절한 시기에 사건이 되고 내가 경험하는 현실 세계의 현상으로 나타나 나를 체험으로 이끈다. 이러한 과정을 통해 자아는 성장을 하고 궁극적으로는 진정한 자신(Self)에 통합됨으로써 스스로를 전체로서 체험하는 것이다. 오스트리아의 심리학자 칼 융은 인생의 전반부인 청년기에서는 외부와 소통하며 외부에서 답을 찾는 반면, 중년기 이후의 삶은 자신의 내면에 초점을 맞추어 내면의 목소리에 귀를 기울이고 내면에서 답을 찾으라고 하였다.

내가 나를 비울 때 나의 무의식에 존재하는 진정한 자신(Self)은 주변에서 다양한 형태로 내가 가야 할 길을 알려주는 신호(Sign)를 보낸다. 우연히 사진첩을 정리하면서 발견한 빛바랜 한 장의 사진에서… 그동안 읽으려고 마음먹었으나 아직 읽지 않고 책장에 꽂아 놓았다가 무심코 꺼내어 넘긴 어느 한 페이지에서… 가족과 함께 영화관에 가서 본 영화의 한 장면에서… 등등.

그러한 신호(Sign)는 항상 있어 왔다. 그런데 내가 바쁘다는 핑계로, 현실성이 없다는 이유로, 돈이 안 된다는 욕심으로 스스로 무시하여 온 것이다. 이제 인생의 전환점에 이르러 나는 비로소 그 신호(Sign)를 보고 들을 수 있었다.

시그모이드 곡선

시그모이드 곡선은 생장곡선(Growht Curve)이라고 하며 생물의 생장을 시간에 따라 측정하여 그래프로 표시한 곡선이다. 생장은 처음에는 완만하게 증가하다가 급속하게 생장하는 부분을 거쳐 마지막에는 서서히 생장한 후 정지하게 되어 대개 S자 곡선을 이룬다. 이를 한 개인의 경력관리에 대입하여 보면, 처음 직장에 입사해서는 완만하게 성장하다가 어느 시점에서는 급격한 성장을 하고 경력의 정점에 이르면 더 이상 성장을 하지 못하고 완만하게 현상을 유지하다가 결국은 쇠퇴하고 소멸하게 된다.

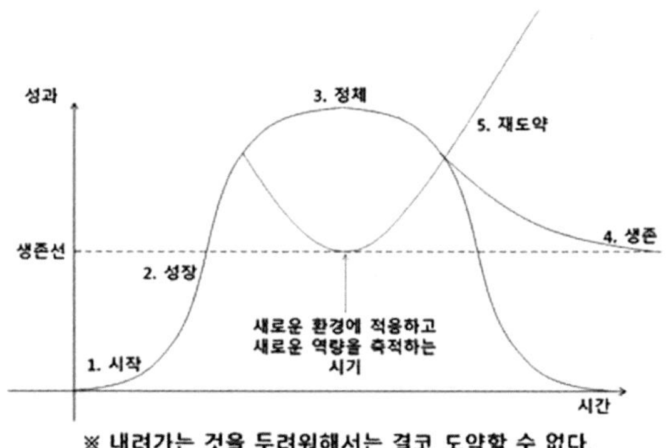

그림 5-1. 시그모이드 곡선으로 본 개인의 경력 성장 곡선

위 그래프를 보면 아래와 같이 경력이 발전함을 알 수 있다.

1. 시작단계: 한 개인이 처음 입사해서 경력이 시작되면 일정 기간까지는 완만한 성장세를 보인다. 이 시기는 회사에 적

응하는 시기이다. 대개 사원~대리급이 된다.
2. 성장단계: 회사에 적응하여 이제 중요한 역할을 수행한다. 회사
   의 핵심 직무에 보직되고 경력은 급성장한다. 일반적
   인 회사에서는 대개 과장~부장급이다.
3. 정체단계: 경력이 정점에 가까워지면서 성장세는 둔화된다. 이제
   는 회사의 고급 관리직으로 더 이상 진출을 할 수 없
   고 현상을 유지하는 단계이다. 회사의 이사급에 해당
   되며 퇴직을 앞두고 있다.
4. 생존단계: 회사에서 퇴직하여 그동안 모아놓은 재산이나 연금에
   의지하여 생존에 필요한 기본 생활만 하면서 남은 생
   을 보낸다.

예전의 평생직장 시절에는 일생 동안 하나의 시그모이드 곡선이 있
었다. 그러나 사회가 발전하고 인간 수명이 연장되면서 개인은 3~4번
의 전직을 하게 되며, 3~4개의 시그모이드 곡선을 가지게 된다. 따라
서 첫 번째 시그모이드 곡선에서 두 번째 시그모이드 곡선으로 원활
하게 이동하면서 재도약을 하는 것이 경력관리에서 가장 중요한 포
인트가 된 것이다. 이를 다른 말로 하면 곧 성공적인 전직이다.

흔히 정년퇴직을 하거나 혹은 명예퇴직 등으로 조기에 회사를 나오
는 사람들은 필연적으로 제2의 인생을 설계하여야 하며, 국내에는 중
장년일자리희망센터, 취업성공패키지, 전직지원센터 등 이를 도와주
는 기관들이 많이 있다. 통상 각 기관에서 행하는 전직지원교육을 가
보면 가장 먼저 하는 것이 변화관리인데 변화관리란 지금까지 살아
온 환경과 전혀 다른 새로운 환경을 받아들이고 잘 적응하도록 돕는

것이다. 그리고 변화관리의 핵심은 앞으로 남은 삶을 어떻게 바라볼 것인가 하는 변화의 가치관과 신념체계의 재정립이라 할 수 있다.

그러면 나는 제2의 인생을, 다시 말하면 제2의 시그모이드 곡선을 어떻게 바라볼 것인가? 결론부터 말하면 제2의 시그모이드 곡선은 제1의 시그모이드 곡선보다 더 나은 곡선으로 그려야 한다. 그럼에도 불구하고 사람들은 새로운 도전보다는 현 경력의 연장선상의 안전한 길을 선호한다. 대표적인 예가 임금피크제에 의한 정년 연장을 들 수 있다. 혹은 현 경력을 활용하여 유사 직무로 전환 근무를 한다거나, 대기업 출신의 경우 중소기업의 컨설턴트로 이직을 하여 5~6년 더 일하는 경우 등이다. 형태야 어떻든지 간에 현 경력의 연장으로 5~6 년간 더 일한 이후에는 4. 생존선으로 가게 될 것이다.

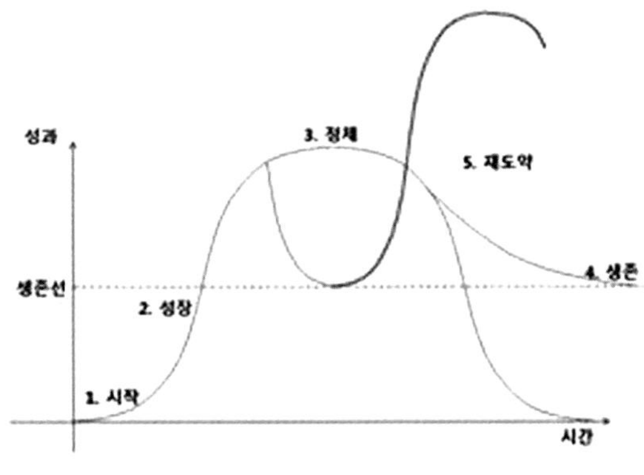

그림 5-2. 제2의 시그모이드 곡선 형태

한 개인이 20대에 처음 직장에 들어가서 경력의 정점에 이르기까지 평균 25년 이상 걸린다. 이때는 지식도 없고, 돈도 없고, 경험도 없고, 인맥도 없이 그야말로 아무것도 없는 상태에서 패기로 시작한 것이다. 그러나 제2의 인생을 시작하려는 시점은 그때에 비해 더 지혜로워졌으며, 돈도 있고, 인생 경험도 많고, 인맥도 많은 상태에서 시작을 한다. 그러니 당연히 처음보다 더 잘할 수 있고, 더 잘되어야 한다. 젊어서 25년 만에 정점의 성과를 이루었다면, 두 번째는 그 기간을 1/2로 줄여 12년 만에 동일한 성과를 이루어 낼 수 있다.

그럼에도 불구하고 많은 사람들은 처음 사회생활을 시작할 때보다 더 잘될 것이라고 생각하지 않는다. 나이가 많아서 현실적으로 취업이 어려우며, 창업을 하더라도 한 번 실패하면 만회할 시간이 없기 때문에 더 어렵다는 것이다. 그러나 이것은 하나의 고정관념이다. 네가 만일 그렇게 생각하고 있다면 현재보다 더 높이 도약하는 것은 불가능하다. 왜냐하면 만물은 나의 의식이 반영된 것이기 때문이다. 네가 그렇게 생각하는 한 그 생각의 범위를 넘어서서 도약하는 것은 있을 수 없다.

생애곡선 그리기

1일 차 오후에는 지나온 나의 삶을 조망하는 시간으로 인생곡선 그리기 활동을 하였다. 제2의 인생 설계를 위해 '지금까지 살아온 과거의 삶이 어떤 의미를 가지며, 현재의 나에게 보내는 메시지는 무엇인가?'를 통찰하는 것은 필수적으로 해야만 하는 일이라고 생각되었다.

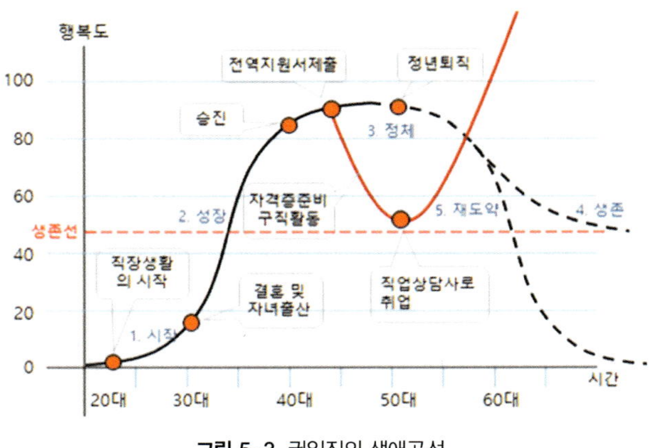

그림 5-3. 권일진의 생애곡선

전 직장을 나오고 구직활동을 하였지만 취업은 어려웠다. 직업상담사 자격증과 직업상담을 위한 전문지식은 모두 갖추었지만 실전 경험이 전혀 없는 신입을 써 줄 회사는 없었다. 여러 군데 이력서를 제출하였지만 경력이 없는 나를 받아줄 곳은 없었다. 같은 군 출신으로 먼저 입직해서 기반을 잡은 선배가 있었는데 민원전철에 근무하는 직업상담사가 병원에 입원하였으니 대체인력으로 한 달만 일해줄 수 있겠느냐는 연락이 왔다. 비록 한 달의 짧은 기간이지만 비로소 나에게 일자리가 생긴다는 사실에 매우 기뻤으며 흔쾌히 그 일을 하겠다고 하였다.

민원전철 상담사는 새벽에 서동탄 역에서 전철을 타고 성북역까지 가는 동안 전철 안에서 일자리 상담을 한다. 하루 두 번 왕복하는데 새벽 5시에 나와서 일 끝나고 집에 가면 밤 12시였다. 그래서 하루 일하고 하루 쉬는 격일제 근무를 하였다. 거기서 나는 60세 이상의 고령자분들이 경제적으로 절박하여 경비, 청소, 용역 등 어떠한 일이라도 좋으니 일만 하게 해달라고 애원하다시피 부탁하는 것을 많이 접하였으며 우리나라 노동시장의 현실을 실감할 수 있었다.

대체인력으로 근무를 마친 다음에는 다시 구직활동을 하여야 했다. 직업상담사로의 입직이 너무 어려워 잠시 돌아가고자 군교수 선발, 용역과제를 수행할 연구원 모집 등 다른 분야까지도 여러 군데 입사지원을 하는 등 적극적인 구직활동을 하였다. 심지어는 비상계획관 선발 시험 준비도 하였다.

그러던 중 선배로부터 전화가 왔다. "요즘 뭐하시오? 정부사업제안서를 준비하고 있는데 아르바이트로 와서 일해 줄 수 있소?" 결국 선배의 제의로 정부사업제안서를 쓰는 아르바이트 일을 하였다. 이제 우리가 사업을 수주하면 나의 일자리가 생길 터였다. 그러나 한 회사가 기존 회사를 앞서서 신규 사업을 수주하는 것이 정말 어려운 일이다. 결국 정부사업제안서를 쓰는 아르바이트를 하였지만 실제로 사업을 수주하지 못해서 내가 갈 자리는 없었다.

이제는 더 이상 회사에서도 돈을 주며 아르바이트생을 쓸 상황이 아니었다. 그때 선배는 국방부 전직사업 제안서를 쓸 준비를 하고 있었다. 그 일은 내가 평소에 너무나 하고 싶었던 일이었기에 보수도 받지 않고 그 사업제안서 쓰는 일을 돕겠다고 했고 회사에서는 허락해 주었다. 나는 정말로 내가 가진 모든 지식을 총동원하고, 전직지원에 관하여 연구에 연구를 거듭하며 심혈을 기울여 사업제안서를 썼으며, 회사에서는 내가 직접 파워포인트로 사업제안서 발표를 할 수 있도록 전적으로 밀어주었다. 나는 이것이 하늘이 나에게 준 마지막 기회라는 생각으로 정말 절실한 마음으로 최선을 다했다. 아마도 그 일을 할 때 나의 심정은 자신이 가진 모든 것을 걸고 전투에 나가는 심정이었던 것 같다.

통상 소설이나 영화에서는 이러한 상황이면 극적으로 주인공이 승리를 하며 엔딩이 나온다. 그러나 현실은 소설이나 영화가 아니었다. 결과는 실패였다. 나는 온몸에 힘이 빠지고 실의에 잠긴 채 한동안 집에 틀어박혀 나오지 않으면서 자신을 추슬러야 했다. 그런데도 인간은 강한 존재인가 보다. 다시 또 무언가를 해야겠다는 마음이 올라오니 말이다. 이때야말로 시그모이드 곡선에서 생존선까지 하락하는 시기였다.

다시 선배로부터 "일자리지원센터에서 상담사 선발이 있으니 응시해 보라."는 연락이 왔다. 나는 다시 이력서를 제출하고 면접을 보았다. 당시에 지원한 후보자는 모두 세 사람이었는데 면접관들은 이미 내가 아르바이트하면서 같이 일했던 대표님, 이사님들이었다. 결국 내가 채용되어 직업상담사로 정식으로 일을 할 수 있었다. 이제 바닥을 치고 다시 상승할 수 있는 준비가 된 것이다.

지금 회상해 보면 나와 같이 공직에서 퇴직을 하여 관리자급 길로 들어선 다른 선배들이 있었다. 나는 일 년 동안 직업상담사 자격증을 취득하고 상담에 필요한 직무지식을 습득한 후 상담 현장의 맨 아래로 입직하여 경력을 쌓아왔다. 그러나 일부 사람들은 처음부터 민간 기업의 관리직으로 들어가서 다수의 부하 직원들을 관리하는 중견 간부의 역할을 수행한다. 통상 그들은 인맥관리도 잘하고 영업도 잘하고 실적도 좋아서 5년간 문제없이 높은 연봉을 받으며 회사에 잘 다닌다. 그러나 어느 날 갑자기 회사의 사업이 없어지면서 이들은 갈 곳이 없어졌다. 왜냐하면 자격증도 없고 직무 경험도 없어서 실제 일선에서 일을 할 역량이 없기 때문이다. 결국은 퇴직 후 재취업을 하지 못하고 시그모이드 곡선의 생존선을 따라 남은 인생을 근근이 살아가는 경로를 밟게 된다.

신념체계 탐색

나의 신념체계 탐색은 생애곡선 그리기, 과거 선택 회상하기, 절정 경험 이야기하기 등으로 구성된다. 생애곡선 그리기는 나의 삶에서 발생하였던 주요 사건들을 중심으로 인생 그래프를 그려보는 것이다. 그리고 그러한 사건들마다 나는 어떠한 가치관과 신념으로 선택을 하였는지 회상해 본다(과거 선택 회상하기).

윌리엄 글래서(Glasser)는 인간은 누구나 태어나서 죽을 때까지 행동하며, 그 행동은 마음속의 사진첩에 의한 내적 동기에 따라 그것을 현실 세계에서 실현시키도록 선택한 결과라고 하였다. 그러한 선택은 의식적인 선택일 수도 있고 무의식적인 선택일 수도 있다.

그리고 내 인생의 방향을 전환시킬 만큼 강력하였고 감동적이었던 특정 사건을 회상하고 이야기한다(절정 경험 이야기하기). 그 당시의 구체적인 상황과 시각, 청각, 촉각 등 온몸으로 느꼈던 느낌들을 생생하게 다시 재현해 본다. 이는 앞으로 직업 선택에 있어 결정적인 동기로 작용할 수 있으며 그 당시의 느낌들은 미래 목표를 달성하는데 나의 내적 자원이 된다.

나는 20대 초반에 사관학교에 진학해서 직업군인의 길로 들어섰다. 내가 사관학교 진학을 한 것은 전적으로 집안이 가난하여 나를 대학에 보낼 형편이 못되었기 때문이었다. 고등학교 때부터 부모님은 나에게 국가에서 공부를 시켜주는 특수학교에 가라고 말씀하셨고,

자연스럽게 나는 사관학교로 진학을 하였다. 사관학교를 졸업하면서 졸업생들은 모두 육군 장교로서 병과를 선택하게 된다.

군에서의 병과는 일반 사회에서 거의 직업과도 같은 것이다. 예를 들어 포병, 병기, 병참은 기계를 다루고, 공병은 건축 및 토목을 다루며, 부관은 행정을, 수송은 차량을 다룬다. 이외에도 많은 병과가 있는데 나는 내 흥미와 강점을 고려하기보다는 주변의 다수의 동기들이 선택하는 가장 무난한 길인 보병을 택하였다.

□ **과거 선택 이야기하기** – 지금까지 나는 어떤 기준으로 그러한 선택을 해왔는가?

> 지금까지 나는 나의 욕구에 따라 주도적으로 선택하기보다는 부모, 선생님 등 의미있는 타인이 요구하는대로 선택을 해왔으며, 비교적 안정적인 삶을 원하면서 모험을 하기보다는 사회에서 어느 정도 권위를 인정하는 길을 택하였다.

이러한 내 선택 패턴으로 볼 때 지금까지 나는 나의 욕구에 따라 주도적으로 선택하기보다는 부모, 선생님 등 의미 있는 타인이 요구하는 대로 선택을 해왔으며, 비교적 안정적인 삶을 원하면서 모험을 하기보다는 사회에서 어느 정도 권위를 인정하는 길을 택한 것이다.

□ **절정 경험 이야기하기** – 인생에서 나에게 깊은 감명을 주었던 사건은?

> 2010년 9월, 마로니에 공원에서 지금까지 살아온 삶이 타지에 의해 규정된 삶을 살아왔음을 깨닫고 이후의 삶은 나 자신이 주체가 되어 스스로 규정한 삶을 살아갈 것을 결심했다.

이러한 나의 삶에 획기적인 변화를 가져온 사건은 앞에서 언급한 일상에서의 일탈 경험이었다. 그 사건은 비록 일반적인 사람들이 겪는 창업, 파산, 정리해고 등 외형적으로 어마어마한 충격이 있었던 것은 아니지만 내 내면에 굉장한 충격과 변화를 가져은 일상의 소리 없는 반란이다.

| 나의 욕구 탐색

나는 어떠한 삶을 살고 싶은가?

월리엄 글래서(William Glasser)는 인간은 태어나면서 죽을 때까지 선택(행동)을 하며 그러한 선택에 의해 '지금-여기'에서 경험하는 세계를 현실(Real World)이라고 하였다. 대부분의 사람들에게 현실이 무엇이냐고 물어보면 현재 당면하고 있는 돈문제, 건강문제, 가정문제, 직장문제 등을 현실이라고 말한다. 그러면 그 현실은 왜 생긴 것일까? 그것은 과거 내가 의식적이든 무의식적이든 선택한 결과에 의해 생긴 것이다.

물론 그 선택을 할 때 내가 의도하였던 것과는 전혀 다른 방향으로 결과가 나타날 수도 있다. 예를 들어 내가 사업을 선택할 때는 성공해서 돈을 많이 벌려는 긍정적인 의도로 선택을 했지만 결과는 내 뜻대로 되지 않고 파산할 수도 있는 것이다. 비록 그렇더라도 현재 내가 경험하고 있는 문제들은 결국 나의 선택에 의해 생겨난 것은 틀림없다.

그림 5-4. 현실이란 무엇인가? 현실은 내가 선택한 결과로 경험하게 되는 세계를 말한다.

그러면 5년 후, 10년 후 나의 미래는 어떠한 현실이기를 원하는가? 대부분의 사람들은 현재 경험하고 있는 돈문제, 건강문제, 가정문제, 직장문제 등이 해결되고 더 나아가 경제적으로 풍요롭고 건강을 유지하며, 가정이 원만하고 사회적인 성공을 거둔 현실을 원한다. 그러면 이러한 현실은 어떻게 나에게 다가오는가? 그것은 바로 지금 내가 어떠한 선택을 하느냐에 따라 달라질 것이다. 즉, 과거의 선택이 지금의 현실을 만들었다면 미래의 현실을 만드는 것은 지금의 선택이다.

따라서 현실치료에서는 두 가지 질문을 한다. 첫 번째는 "당신은 어떠한 현실을 원하는가?"이고, 두 번째는 "당신은 그 현실을 이루기 위해 어떠한 선택을 할 것인가?"이다. 그러므로 진로설계를 위해 가장 먼저 해야 할 것은 '나는 무엇을 원하고 있는지'를 명료화하는 것이다. 우리는 통상 사람들이 인생에서 공통적으로 원하는 돈(재무),

건강, 가정, 일(직장)에 자아(자기계발)와 여가를 추가해서 여섯 가지 영역에서 진로설계를 하려고 하며, 이 여섯 가지 영역을 생애설계 6대 영역으로 부르고자 한다.

그림 5-5. 생애설계 6대 영역

당신은 무엇을 원하고 있는가? – 바람 목록(WANT-HAVE LIST) 작성

　오늘은 집단상담 2일 차로 나의 욕구를 탐색하고 생애진로설계를 하는 날이다. 지금까지 나는 직업흥미, 직업강점, 직업가치 진단 활동과 직업옵션 찾기를 통해 어느 정도 내가 가야 할 직업의 방향을 막연하게나마 윤곽을 그릴 수 있었다. 이제는 이러한 나의 생각이 내 인생에서 실제 실현될 수 있도록 실제적인 목표로 구체화되어야 한다. 그 첫 단계로 우선 앞으로의 나의 삶에서 내가 진정으로 원하는 것이 무엇인지를 실습지에 적어 보았다.

나의 바람 목록(WANT-HAVE LIST) 작성

영역	바람 목록
건강	·하루 8시간 이상 일하는 데 지장이 없는 육체적, 정신적 건강 유지 ·1박 2일로 설악산 정상을 다녀올 수 있는 육체적 근력 유지
재무	·원주 치악산 아리 행구동에 전원주택 짓기 ·내가 원하는 사업을 할 수 있을 만큼의 재산 구축(현금 150억)
여가	·직업상담 동료들과 정기적인 모임 유지 ·색채 및 푸드 테라피 배우기
가족	·두 자녀 독립시키기 ·결혼 30주년 기념 부부 여행하기 (히말라야, 인도)
자아	·상담 시 고객의 구의식을 헤아릴 수 있는 상담 능력 갖기 ·동양철학 공부하기(명리학을 접목한 진로상담)
직업(일)	·전직지원전문가 되기 ·작가 및 강사 되기

생애설계 6대 영역인 건강, 재무, 가족, 여가, 자아, 일은 어느 하나라도 소홀히 할 수 없는 것들이다. 열심히 일을 해서 아무리 많은 돈을 벌어도 건강을 해쳐서 시한부 인생이 된다면 무슨 소용인가? 또 일에만 빠져서 개인적인 여가생활도 못하고 가족과도 소원해지면 외부적 성공이 무슨 의미가 있을까? 결국 생애설계 6대 영역이 모두 균형을 이루고 다 원하는 만큼의 수준에 도달해야 진정으로 성공한 삶을 살 수 있을 것이다. 나는 평상시 내가 생각해 오던 것들을 상기하면서 바람 목록을 작성해 나갔다. 그래도 비교적 구체적으로 적으려고 노력하면서….

이제 나의 바람 목록을 현실에서 구현하려면 실제로 행동으로 실천하여야 한다. 그래서 바람(Want)을 목표로 구체화하기 시작했다. 극표는 자신의 노력과 자원을 집중시킬 수 있고, 동기유발의 수단이자 삶의 활력소가 되며, 중요한 일에 대한 몰입과 명확한 방향을 제시하고, 예상치 못한 일에 대한 판단 기준과 대처방안을 마련할 수 있게 하며, 성공 가능성을 증대시킨다. 목표는 행동으로 옮길 수 있도록 구체적이고 측정 가능해야 하며, 결과 지향적이고 달성 가능하고 한시적이어야 한다.

"하루 8시간 이상 일하는 데 지장이 없는 육체적, 정신적 건강 유지", "1박 2일로 설악산 정상을 다녀올 수 있는 육체적 근력 유지."

이를 달성하기 위해서 내가 행동으로 실천할 수 있는 일이 무엇일까? 그것은 매일 운동을 하고 건강식을 먹어야 할 것이다. 그래서 나는 이러한 바람(Want)을 "헬스장에서 1시간 이상 근력 및 유산소 운동을 1주일에 3회 이상 하기", "주 5회 이상 저녁식사를 채소, 과일 및 발효음식으로 식단 편성하기"로 수정하여 목표화하였다.

지금까지 이 활동을 하면서 느낀 것은 가난한 사람일수록 돈에 대한 나의 바람(Want)을 구체적으로 적지 않고 '생활에 불편하지 않을 정도의 재산' 등으로 두루뭉술하게 적는다는 것이다. 비교적 경제적으로 여유가 있는 대기업에서 퇴직하는 사람들은 돈에 대한 나의 바람을 7억 5천만 원 등 아주 구체적으로 적었다. 왜 그렇게 적었냐고 물어보면 대출금 2억을 갚고, 앞으로 내가 사업하려고 하는 사업비용 3억, 내 3년간 노후 생활자금 1억 등등 미래에 내가 어떤 분야에 돈이 필요한지를 구체적으로 알고 있었다. 이러한 차이가 결국 미래에는 가난한 사람과 부자인 사람으로 만드는 것이다. 그러므로 진로상담사들은 내담자들이 적은 바람 목록을 현실에서 구현 가능한 구체적인 목표로 전환을 해주어야 한다. 이러한 식으로 모든 바람 목록을 아래와 같이 목표화하여 작성하였다.

바람(WANT)을 목표로

영역	목표	기한
건강	· 헬스장에서 1시간 이상 근력 및 유산소 운동을 1주일에 3회 이상 하기	즉시
	· 주 5회 이상 저녁식사를 채소, 과일 및 발효음식으로 식단 편성하기	즉시
재무	· 원주 치악산 아래 200평 규모의 전원주택 짓기	2021년 이내
	· 현금자산 150억 만들기	2021년 이내
가족	· 두 자녀 독립시키기	2021년 이내
	· 히말라야, 인도로 부부여행 가기	2016년 이내
여가	· 직업상담사들과 정기적으로 모임 갖기	월 1회
	· 색채 및 푸드 테라피 배우기	2016년 이내
자아	· 1일 1시간 명상하기	즉시
	· 동양철학 공부하기(명리학을 접목한 진로상담)	2016년 이내
일	· 직업상담사 자격증 취득하기	2012년 이내
	· MBTI, 에니어그램 일반강사 되기	2012년 이내
	· 진로상담과 관련한 책 쓰고 발간하기	2016년 이내
	· 직업상담사로 취업하기	2012년 이내

| 생애진로설계

카니자 삼각형

옆의 그림에서 팩맨이라고 하는 조각난 동그라미 세 개가 등장을 하고 세 개의 팩맨은 서로를 마주보고 있다. 그런데 팩맨 사이에 있는 삼각형이 보이는가? 우리는 삼각형을 볼 수 있지만 삼각형은 실재로 존재

하는 것일까? '카니자 삼각형'은 이탈리아 심리학자인 카니자가 1995년에 발표한 것이다. 이 카니자 삼각형은 창의력 교육, 보이지 않는 실재를 표현하는데 많이 인용을 한다.

이 카니자 삼각형을 생애진로설계 기법으로 차용을 하였는데 세 개의 팩맨을 각각 '직업흥미', '직업강점', '직업가치'로 대입을 하고, 가운데 보이는 흰색의 삼각형은 직업흥미와 강점, 직업가치의 중심을 관통하는 '통합비전'으로 하였다. 즉, 진로설계를 한다는 것은 '흥미', '강점', '가치'를 진단하여 개인의 특성을 파악하고, 이를 바탕으로 개인이 도달해 있을 미래의 모습, 즉 비전을 수립하는 것이다.

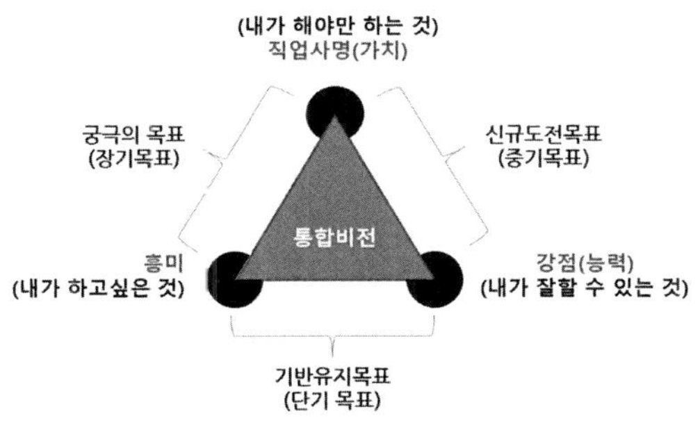

그림 5-6. 카니자 삼각형을 진로상담에 적용한 결과

아무리 미래에 내가 하고 싶은 일이라도 현재 능력이 없으면 할 수 없는 법, 그래서 흥미와 강점을 결합하여 기반유지목표를 정한다. 이는 '지금 내가 하고 싶으면서 잘할 수 있는 일'을 바탕으로 시작해야 한다는 의미이다. 강점과 가치를 결합하여 신규 도전목표를 정한다. 이는 궁극적으로 내가 해야 할 일인데 현재 나의 역량이 개발되지 않아 시간과 노력을 투자해서 능력을 개발해야 하는 도전 목표이다. 마지막으로 흥미와 가치를 결합하여 궁극의 목표를 정하는데 이는 내가 통합비전을 이루기 위해 궁극적으로 해야 할 목표이다.[1]

우리는 카니자 삼각형 기법을 활용하여 진로설계도를 만들어 가기로 하였다. 먼저 나의 목표를 단기, 중기, 장기목표로 구분하였다. 나는 단기는 1년 이내에 달성해야 할 목표, 중기를 5년 이내에 달성해야 할 목표, 장기를 10년 이내에 달성해야 할 목표로 정하였다. 그리고 직업흥미, 직업강점, 직업가치 등 내가 가진 자산을 도표에 기입하였다.

---

1) 카니자 삼각형을 경력설계에 적용한 도형은 인덱스루트코리아의 '프레디저 강사 양성 교육'에서 김경규 이사가 제시한 아이디어를 차용하였다. 그러나 본 책자에서 생애진로설계도를 작성해 나가는 과정과 모형은 전적으로 저자들의 실험을 통해 수립된 것이다.

표 5-3. 권일진 님의 바람 목록과 직업옵션 찾기 결과를 생애진로설계도에 옮긴 초안

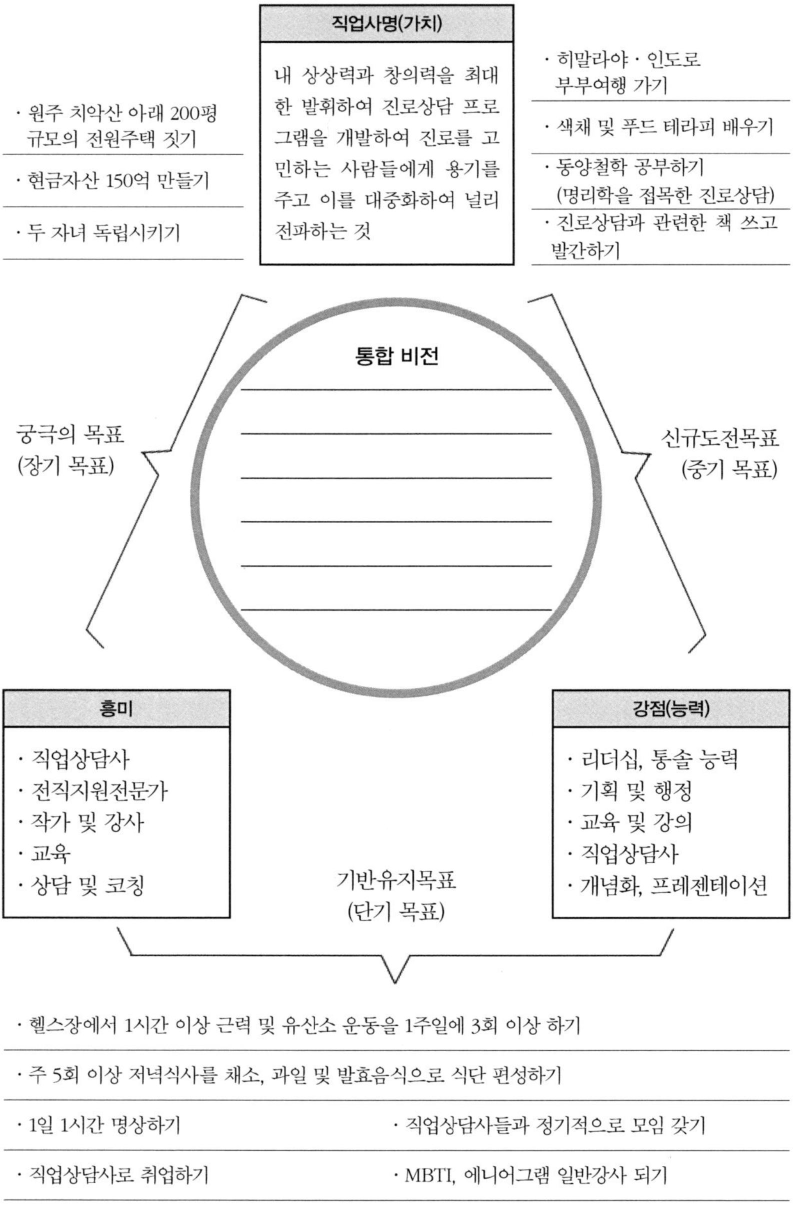

상상체험

상상체험은 10년 후 내 모습을 상상으로 체험하는 것이다. 나는 10년 후 어떠한 모습일까? 우선 나는 진로상담 분야에서 상당히 권위 있는 전문직업인이 되어 있을 것이라고 상상했다. 그리고 커다란 강당이나 강의장에서 진로를 고민하는 사람들에게 진로상담을 하고 있을 것이다. 또한 내가 체계화한 진로설계 프로그램으로 책자를 발간했을 것이고, 그 책이 비스트셀러가 되면서 많은 지지자들이 형성되었을 것이며…. 나의 프로그램을 배우러 오는 직업상담사들도 많이 있을 것이다. 아! 그렇다면 나는 센터를 설립해서 프로그램을 체계적으로 가르치고 있어야 한다. 그러면 교육대상도 구직자들보다는 진로상담 분야에 종사하는 전문가들이 오히려 나의 고객이 되어야 한다!

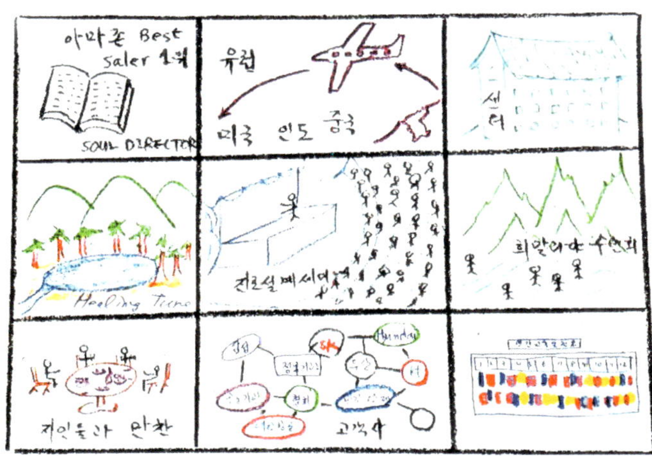

그림 5-7. 권일진 님의 10년 후 모습을 9개의 그림으로 표현

이러한 식으로 상상의 나래를 펼치니 막연하게 생각하였던 미래의 사업들이 점점 명료화되기 시작했다. 우리는 진행자의 요구에 따라 도화지를 아홉 구획으로 나누고 상상한 것들을 그림으로 그리기 시작했다.나는 생애진로비전센터를 설립하고 생애진로프로그램을 개발하여 진로상담을 하는 전직지원전문가들 및 직업상담사들을 대상으로 연간 꾸준하게 교육을 하고 있다. 그리고 우리가 발간한 책자가 미국 및 유럽 등 해외에도 진출하여 정기적으로 국외 세미나에 출장을 다닌다. 그리고 국내 유수기업 및 기관에서는 구조조정이나 정년퇴직을 앞둔 근로자들의 생애진로설계를 우리가 세운 법인에게 의뢰한다. 우리는 국내뿐만 아니라 국제적으로도 진로상담 및 생애진로설계 분야에서 TOP 3 안에 들어가는 세계적인 법인이다.

특별한 날의 하루

특별한 날의 하루는 10년 후 특별한 날의 하루를 상상하여 그 일과표를 작성하는 것이다. 내가 상상한 10년 후 모습에서 의미 있는 어느 하루를 상상하여 구체화하는 것으로 이 작업을 통해 내 삶이 보다 명료화될 수 있다. 나는 내가 개발한 생애진로설계 프로그램이 책자로 발간되고 미국 및 유럽 등지에 번역이 되어서 세계의 많은 진로상담사들이 관심을 갖고 그 내용을 직접 나에게 듣기 위해 세계투어 세미나를 연 상상을 하였다. 오늘은 세계 투어 12일째로 미국의 맨해튼에서 세미나가 있다.

상상체험: 10년 후 특별한 날의 하루

시 간	전형적인 하르	특별한 날의 하루
오전 6:00	기상	세계투어 12일째, 뉴욕 맨해튼 호텔에서 기상
7:00		
8:00	출근준비 및 출근	아침식사 및 스팁 회의
9:00	오전 과업	세미나 강연장으로 이동
10:00		
11:00		생애진로설계 과정 소개 및 개념 강의
12:00		
오후 1:00	점심식사	상담사들과 즐거운 점심식사 및 환담
2:00	오후과업	
3:00		오후 강연 및 질의 응답
4:00		
5:00		상담사들과 교감 긫 환담
5:00		
6:00		
7:00	퇴근 및 운동	호텔 만찬에 참석하여 상담사들과 식사
8:00		
9:00		
10:00	책 보기, 명상하기. 취침	내일 일정 확인 및 취침
11:00		
12:00		

상상만으로도 내가 정말로 그렇게 된 기분이 들었고 무척 기분이 좋았다. 미래가 현재로 앞당겨져서 느껴졌다. 이러한 느낌이 정말 현실로 이루어지면 얼마나 좋을까!

명료화

명료화는 10년 후 특별한 날의 하루를 오감을 활용하여 보다 구체적으로 묘사하는 것이다. 이를 통해 상상체험으로 그려본 미래의 내 모습이 보다 구체화된다. 진행자는 나를 데리고 교육장 통로 한가운데로 데리고 갔다

진행자: 여기는 2011년 9월 10일입니다. 소울디렉터 님! 당신의 손바닥 위에 '깨달음의 씨앗'이 있다고 상상하고 미래의 염원을 그 씨앗에 담아주세요.

소울디렉터: (손바닥 위에 씨앗이 있다고 상상하고 미래 자신의 성공을 그 씨앗에 담는 상상을 한다.)

진행자: 이제 그 씨앗을 땅에 심습니다. 그리고 잘 자랄 수 있도록 물을 주고 기도를 해주세요.

소울디렉터: (씨앗을 땅에 심는 시늉을 한다. 그리고 손을 모으고 씨앗이 잘 자라도록 기도를 한다.)

(진행자가 내담자를 데리고 교육장 앞으로 나간다.)

진행자: 여기는 10년 후, 2021년 9월 10일입니다. 이제 소울디렉터 님이 원하는 꿈을 이루었습니다. 자 한번 앞을 보세요. 누가 와 있습니까?

소울디렉터: 예! 제 강의를 들으러 세계의 진로상담 전문가들이 많이 와 있습니다.

진행자: 여기는 어디입니까?

소울디렉터: 여기는 뉴욕 맨해튼 7성급 호텔의 세미나장입니다.

진행자: 당신은 무슨 일을 하고 있습니까?

소울디렉터: 저는 진로상담분야의 슈퍼바이저이며 생애진로설계의 세계적인 권위자로서 우리가 개발한 진로설계 프로그램을 전 세계에 보급하는 일을 하고 있습니다. 오늘은 세계 투어 12일째. 미국의 뉴욕에서 제 프로그램을 소개하는 세미나에 참석하였습니다.

진행자: (실습생들을 보고) 우리 슈퍼바이저님에게 인사를 해주세요. (같은 실습생들이 나에게 인사와 격려를 보내며 교육장 분위기를 고조시킨다.)

진행자: 자 소울디렉터 님께서 이 자리까지 오기에는 많은 우여곡절이 있었을 텐데요. 그동안 내가 힘들 때 가장 많은 격려와 힘을 주신 분은 누구십니까?

소울디렉터: 제 동료 '정도움' 님입니다.

진행자: (실습생 중에서 한 분을 지목하여 앞으로 나오게 하여 나의 왼쪽에서 다섯 걸음 떨어진 곳에 세운다.) 이 분을 정도움 님이라고 가정하겠습니다. 소울디렉터 님! 정도움 님이 지금 성공한 소울디렉터 님을 보고 어떤 말을 해줄 것 같습니까?

소울디렉터: 소울디렉터 님, 축하해요! 그동안 소울디렉터 님을 지켜본 결과 나는 한 번도 소울디렉터 님의 성공을 의심한 적이 없었고, 이런 날이 올 거라는 것을 확신했어요.

진행자: (잠시 정도움 님을 보고) 지금 소울디렉터 님이 한 말을 잘 기억하고 나중에 그대로 해주셔야 합니다.

진행자: 소울디렉터 님! 지금 이 자리에 오는 데 가장 많은 도움을 주고 이끌어주신 멘토가 있으신가요?

소울디렉터: 예 제가 직업상담의 길을 들어선 이후로 제 정신적인 지주가 되어주신 『나는 희망의 증거가 되고 싶다』는 책을 집필하신 '서진규' 선

생님이십니다.

진행자: (실습생 중에서 한 분을 지목하여 앞으로 나오게 하여 내담자의 오른쪽
에서 다섯 걸음 떨어진 곳에 세운다) 이 분을 멘토 서진규 님이라고 가
정하겠습니다. 소울디렉터 님의 멘토님은 지금 성공한 소울디렉터
님을 보고 무슨 말을 해줄 것 같습니까?

소울디렉터: 소울디렉터 님, 축하해요! 결국 '당장은 길이 보이지 않지만, 꿈과
용기를 가지고 도전하다 보면 길이 나타난다'는 것을 보여주었네
요. 당신의 삶이 분명하게 존재하는 희망의 증거예요!

진행자: (대리 멘토를 보고) 지금 멘토 서진규 님은 이 말을 잘 기억하고 나중
에 그대로 해주셔야 합니다.

진행자: 소울디렉터 님, 지금 당신은 무엇을 하고 있습니까?

소울디렉터: 저는 진로상담분야의 슈퍼바이저이며 생애진로설계의 세계적인
권위자로서 우리가 개발한 진로설계 프로그램을 전 세계에 보급하
는 일을 하고 있습니다. 오늘은 세계 투어 12일째. 미국의 맨해튼
에서 제 프로그램을 소개하는 세미나에 참석하였습니다.

진행자: 소울디렉터 님의 동료 정도움 님, 성공한 소울디렉터 님을 위해 격
려의 한 말씀 해주세요.

정도움: 소울디렉터 님, 축하해요! 그동안 소울디렉터 님을 지켜본 결과 나
는 한 번도 소울디렉터 님의 성공을 의심한 적이 없었고, 이런 날이
올 거라는 것을 확신했어요.

진행자: 소울디렉터 님의 멘토님, 성공한 소울디렉터 님을 위해 격려의 한
말씀 해주세요.

서진규: 소울디렉터 님, 축하해요! 결국 '당장은 길이 보이지 않지만, 꿈과
용기를 가지고 도전하다 보면 길이 나타난다'는 것을 보여주었네

요. 당신의 삶이 분명하게 존재하는 희망의 증거예요!

진행자: 소울디렉터 님은 꿈을 이루셨습니다. 그런데 저 아래 보니 깨달음의 씨앗에 꿈을 담고 그것을 이루기 위해 땅에 묻고 기도를 하는 10년 전 소울디렉터 님이 있네요. 자, 그럼 이제 막 시작하려는 자기 자신에게 한 말씀 해주세요.

소울디렉터: (갑자기 가슴이 울컥한다.) 지금 네가 한 결정이 옳았어. 아무리 어렵고 힘들더라도 언제나 그렇듯이 너는 길을 발견할 거야! 그러니 너 자신을 믿고 매사에 정성을 다해!

나는 이 말을 '나에게 주는 희망 메시지'에 적어 놓았다. 4년이 흐른 지금도 그 말을 생생하게 기억한다. 인생을 살다 보면 어렵고 두려운 일이 닥친다. 그때 성공의 믿음을 잃지 않고 주어진 일에 최선을 다하는 것이 가장 중요하다. 내가 나에게 선언한 이 말은 그러한 상황에서 항상 나를 이끄는 가장 중요한 말이 되었다. 지금 나는 나 스스로에게 이렇게 말한다. "언제나 그렇듯이 나는 길을 발견할 것이다!"

나에게 주는 희망 메시지

지금 네가 한 결정이 옳았어. 아무리 어렵고 힘들더라도 언제나 그렇듯이 너는 길을 발견할 거야. 그러니 너 자신을 믿고 매사에 정성을 다해!

직업사명 – 패트리샤 무어

1979년 미국 뉴욕. 지팡이를 짚은 채 집 앞 계단을 힘겹게 내려가는 노인. 하얗게 센 머리카락과 깊게 파인 주름살을 가진 이 노인은 오른손에 지팡이를 짚고 있었고, 걸음을 걷는 것조차 힘겨워 보여 족히 팔순은 되어 보였다. 노인은 걷는 것은 물론 상점에 문을 열고 들어가는 것까지 매 순간 사람들의 도움을 받아야 했다. 하지만 그녀는 불편한 몸을 이끌고 매일 새벽부터 늦은 밤까지 뉴욕거리를 헤매고 다녔다.

그런데 이상하게도 노인은 뉴욕뿐만 아니라 미국과 캐나다 대도시부터 작은 마을에 이르기까지 무려 116곳을 헤매고 다녔는데 더욱 이상한 점은 노인의 옷차림이었다. 노인은 때로 가난한 노숙자 차림이었다가 때로는 귀부인 차림을 하고 있는 등 매번 행색이 달라졌던 것이다.

그런데 얼마 후 세상을 깜작 놀라게 할 새로운 디자인의 제품들이 발표되는데 놀랍게도 이 제품을 디자인 한 사람은 바로 그 노인이었다. 이 제품들은 모두 노인들이 편하게 사용할 수 있도록 만들어진 것이었다. 먼저 버스에 오르내리기 힘들어하는 노인들을 위한 저상버스로, 버스의 높이를 낮추고 계단을 없애 노인들이 쉽게 탑승할 수 있도록 디자인했다. 또한 경전철 내부에는 휠체어 칸을 따로 마련해 휠체어를 탄 노인도 편히 이용할 수 있게 했다. 뿐만 아니라 시력이 좋지 않은 노인들을 위한 왼손, 오른손 구분 없는 양손잡이용 가위, 손에서 미끄러지지 않도록 손잡이를 고무로 만든 냄비 그리고 버튼 하나로 간편하게 입구를 여닫을 수 있고 물이 끓으면 소리를 내어 알려주는 주전자 등 모두 기존에 노인들이 불편해하던 점들을 보완한 디자인이었다.

그러자 사람들은 팔순의 노인이 어떻게 이런 놀라운 디자인을 생각해낸 것인지 감탄해 마지않았는데 곧 충격적이 사실이 밝혀진다. 놀랍게도 그녀는 실제 노인이 아니라 노인으로 분장한 26살의 젊은 여인이었다.

그녀의 이름은 '패트리샤 무어'로 산업디자이너였다. 1974년 미국 뉴욕, 디자인 회사의 신입사원으로 냉장고 디자인 회의에 참석한 패트리샤.

"자 이번에는 냉장고 디자인에 대해 얘기해 보죠. 누구 좋은 아이디어 있는 사람?"

"냉장실 칸막이를 좀 더 세분화하면 어떨까 합니다."

"힘이 없는 노인들도 쉽게 냉장고를 여닫을 수 있도록 디자인하는 건 어떨까요?"

그녀는 냉장고 문을 열기 힘들어 요리를 할 수 없었던 할머니의 모습에서 한 가지 아이디어를 떠올리고 노인들이 쉽게 여닫을 수 있는 냉장고 디자인을 제안한다.

"페트리샤. 입사한 지 얼마 안 돼서 잘 모르나 본데…. 우리는 노인을 위한 그런 디자인은 하지 않아. 대중을 위한 디자인을 생각하라고."

하지만 노인을 위한 냉장고를 개발하자는 그녀의 의견은 대중적이지 않다는 이유로 묵살당한다.

'노인들도 염연히 구매력이 있는 고객인데…. 그들을 위한 디자인을 하고 싶다는

내 생각이 잘못된 것일까?'

'아니야, 내가 하고 싶은 디자인을 하자. 내 힘으로 한 번 해보는 거야!'

그 후 패트리샤는 회사를 그만두고 직접 노인을 위한 디자인을 하기로 결심한다. 하지만 관찰이나 설문조사만으로 노인들의 불편한 점을 알기에는 턱없이 부족하다고 생각한 그녀는 '노인들을 위한 디자인을 하려면 자신이 노인으로 살면서 어떤 점이 불편한지를 직접 느껴보는 방법'뿐이라고 생각하여 자신이 직접 노인으로 살아보기로 한다.

무엇보다 정확한 조사를 위해 완벽한 노인이 되어야 한다고 생각한 패트리샤는 '세러데이 나이트 라이브(SNL)'의 전속 분장사 바바라켈리를 찾아가 노인 분장을 부탁했고, 3시간이 넘는 특수 분장 끝에 80대의 노인이 된다. 또한 그녀가 분장한 것은 단지 외모뿐만이 아니었다. 노인들과 같은 신체적 불편함을 느끼기 위해 귀를 솜으로 틀어막고 도수가 맞지 않는 돋보기 안경을 착용했으며, 양쪽 다리에 철제 보조기를 착용한 뒤 그 위로 여러 겹의 붕대를 동여매 걸음걸이를 불편하게 만들었다.

이후 거리로 나선 패트리샤. 누구도 그녀가 20대라고는 생각지도 못했는데 놀랍게도 그녀는 1979년부터 1982년까지 무려 3년 동안이나 노인으로 생활한다. 그리고 그 과정에서 노인으로 살아가는 것이 얼마나 불편한 것인지를 깨닫게 된다. 평소에는 10분밖에 걸리지 않았던 레스토랑이 노인의 걸음으로는 한 시간 이상 소요됐고, 버스는 그녀가 오르기에 너무 높았으며, 보행 신호등은 노인의 걸음으로 건너기에 너무 빨리 바뀌었다. 뿐만 아니라 계단을 오르는 것은 물론 상점의 문을 열고 닫는 사소한 행동까지 사람들의 도움 없이는 할 수 없었다. 그녀는 다양한 사람들의 모습을 경험하기 위해 노숙자, 귀부인 등 9명의 다른 모습으로 분장하고 홀로 116개의 도시를 돌아다니며 그 과정에서 겪은 불편한 점을 모두 기록했다.

마침내 3년 뒤인 1982년. 패트리샤는 자신의 경험을 바탕으로 본격적으로 노인을 위한 디자인을 시작한다. 저상버스, 양손잡이용 가위, 소리 내는 주전자 등을 만들어 냈던 것이다. 이렇게 만들어진 저 품들은 노인뿐만 아니라 모든 세대에서 엄청난 호응을 얻었다.

그 후 ABC 나이트라인, NBC 투데이 쇼 등 미국의 유명 프로그램에 출연해 3년간 노인으로 살았던 이야기를 털어놓으며 전 세계적으로 큰 화제로 떠오른 패트리샤! 무엇보다 사람들은 디자인을 위해 노인이 되기를 마다치 않았던 그녀의 열정에 놀라움을 표했다.

노인을 위한 디자인을 하기 위해 스스로 노인이 된 여인 패트리샤 무어. 지금도 그녀는 기존의 디자인에 불편함을 느끼는 노인들을 위해 이를 개선하는 작업을 계속하고 있다.

노인이 되면 많은 걸 포기해야 하죠. 그들에게 즐거움을 되찾게 해드리고 싶었어요. 일상의 즐거움을요.

- 패트리샤 무어

직업사명 선언서

사명 선언서란 비전을 개념화하여 글로 적어 놓은 것이다. 유언장이 죽고 난 뒤의 일들을 정리하기 위해 쓰는 것이라면 사명 선언서는 현재의 남은 시간을 사용하기 위해서 작성하는 것이다. 사명 선언서는 한 개인이 세상에 존재하는 이유를 나타내며, 사명 선언서가 있을 때 비전을 성취할 수 있다. 사명 선언서는 개인이 원하는 것이 무엇인지, 그 원하는 것을 이루기 위해서 어떻게 살아야 하는지를 보여준다. 사명 선언서는 자신이 이 땅을 살아가는 가장 중요한 이유를 규정한다. 그리고 자신이 살아가야 할 방향을 제공한다.

직업사명 선언서는 직업사명과 비전으로 구성된다. 직업사명이란 내가 이 일을 하는 궁극적인 가치로서 내가 이 직업을 선택한 이유, 죽는 그 순간까지도 이 직업에서 이루고 싶은 것이며, 또한 이루기 위해 노력해야 하는 것이다. 즉, 세상을 향해 "나는 내 일에서 이런 사람이었다!"라고 말하고 싶은 그것이다.

비전은 사명을 이루기 위한 실체를 정해 놓은 것으로, 미래의 지향점이며 개략적인 사업 내용을 말한다. 그리고 개인이 미래에 어떠할 것인지를 그린 이상적이며 구체적인 시나리오다. 비전은 현재의 연장선보다 높은 수준에 있는 매력적인 미래상을 영상화한 것으로, 짐 콜린스는 비전은 우리의 노력을 최대한으로 이끌어 내고 시간이 지날수록 개인을 성장하게 해주고, 발전시키는 가장 중요한 원동력이라고 했다. 간디는 비전이 없는 사람은 희망이 없는 사람이라고 했다. 비전은 현실의 실천에 대한 정확한 인식과 철저한 성찰을 기반으로 한 미래 실천의 모색이다.

비전이란 이루어지지 않을 꿈을 꾸는 것이 아니라 이루어질 가능성이 많은 꿈을 꾸는 것이다. 이러한 비전은 개인이 나아갈 목표를 제시하고, 바른길로 가고 있는지를 알게 해준다.

예를 들어 사명이 아래와 같다면,

"가난으로 우수한 인재가 올바른 교육을 받지 못하는 현상이 없는 세
상을 만든다."

비전은,

"성공한 기업가로서,
1. 교육 및 장학재단 설립
2. 저소득층의 우수인재를 대상으로 한 장학사업
3. 저소득층 우수인재에게 무료로 지원되는 기숙사가 있는 학교 설립
   등이다."

우리는 직업사명서 작성을 하였다. 진행자는 지금까지 실습하였던
상상체험, 특별한 날의 하루, 명료화를 통하여 구체화된 10년 후 내
모습을 토대로 먼저 비전을 작성해보라고 하였다. 직업사명을 작성하
고 비전을 작성하는 것보다 비전을 작성하고 이러한 비전을 이루기
위해 어떠한 마음가짐으로 임할 것인가를 작성하는 것이 더 수월하
게 직업사명을 정하는 데 도움이 된다는 것이다.

나는 상상체험과 명료화 과정을 거쳐서 구체화된 내 모습과 사업
내용을 직업사명 선언서 양식에 기록하였다. 먼저 나는 중장년 구조
자들을 대상으로 내가 개발한 생애진로설계 프로그램을 교육하는
모습을 '진로상담 분야의 전문가'로 묘사하였다. 그리고 내가 주로 수
행하는 사업을 세 가지르 나누어,

1. 생애진로비전센터 설립 및 세계화

2. 생애진로설계 프로그램 개발

3. 생애진로설계 교육 사업으로 비전을 작성하였다.

직업사명은 비전을 어떠한 마음가짐으로 이루어 나가야 하는지를
정하는 것이다. 내가 정한 사업과 유사한 사업을 하는 사람들이나
기업들은 많이 있다. 그러한 업체들과 경쟁을 하여 비교 우위에 서야
만 내가 하고자 하는 사업들이 실제로 현실에서 구현될 수 있을 것
이다. 만일 단순한 돈벌이를 위해 사업을 한다면 그렇게 생각하지 않
고 차별화된 서비스를 제공하여 고객을 만족시키는 업체에게 경쟁에
서 밀려 결국 시장에서 도태될 것이다. 직업사명은 두 가지 질문을
만족시켜야 했다.

1. 나의 고객은 구체적으로 누구인가?

2. 나는 어떠한 서비스를 제공하여 고객들이 감동하게 할 것인가?

먼저 나의 고객을 나처럼 전직을 고민하는 중장년으로 하였다. 그
리고 그들이 성공적인 전직을 할 수 있도록 "스스로 완전하게 자신을
이해하고, 그러한 이해를 바탕으로 자신을 실현할 수 있는 일을 할
수 있도록 안내자가 되는 것"을 나의 사명으로 하였다. 그리고 조별
발표 및 토의를 하였다.

나(소울디렉터): 저는 저의 사명을 "전직을 고민하는 중장년들이 스스로 완전하
게 자신을 이해하고 그러한 이해를 바탕으로 자신을 실현할 수

있도록 안내자가 되는 것”으로 했어요.

박CEO: 정말 좋은 사명이에요. 그렇지만 제 주변에는 진로를 고민하는 청년들이 너무도 많고 그로 인해 걱정하는 부모들이 많아요. 소울디렉터 님께서는 그러한 분들에게 실질적으로 도움을 줄 수 있는 분이 되었으면 좋겠어요.

나(소울디렉터): 미처 생각하지 못했는데 정말 좋은 말씀을 주셔서 감사해요.

강로저스: 소울디렉터 님과 박CEO 님의 말씀에 정말 공감해요. 제가 볼 때 소울디렉터 님의 비전을 이루기 위해서는 소울디렉터 님 혼자서 열심히 하시는 것보다 그러한 사명을 가지고 함께 일을 할 수 있는 진로상담사들을 양성하는 것이 더 폭넓게 사명을 실현할 수 있을 것 같아요.

나(소울디렉터): 아! 그렇군요. 그러면 저는 구직자들을 대상으로 하는 사업보다 그들을 올바로 안내하는 진로상담사들을 양성하는 사업에 초점을 맞추어야 하겠군요. 그러면 제 모습도 진로상담사들을 지도할 수 있는 슈퍼바이저가 되어야 하고, 교육과정도 최고 수준의 진로상담사들을 양성하는 프로그램이 되어야 하겠군요.

나는 두 분의 의견을 받아들여 나의 직업사명을 “자신의 진로를 고민하는 청년 및 중장년들에게 직업을 통해 자신을 표현하고 궁극적으로 자신을 실현하는 삶을 안내하는 것”으로 수정을 하였다. 그리고 비전도 진로상담 분야의 슈퍼바이저로서,

1. 생애진로비전센터 설립 및 세계화
2. SOUL DIRECTOR 과정 개설

3. 고객의 생애진로설계를 올바로 안내하는 진로상담 전문가를 양성하
   는 것으로 하였다.

이러한 실습을 바탕으로 나의 직업사명 선언문을 아래와 같이 작
성하였다.

나의 직업사명 선언문

나의 직업사명은　　　　　　　　자신의 진로를 고민하는 청년 및

중장년들에게 직업을 통해 자신을 표현하고 궁극적으로

자신을 실현하는 삶을 안내　　　　　　하는 것이다.

나는 이 사명을 완수하기 위해

진로상담의 수퍼바이저　　로서

1. 생애진로비전 센터를 설립 및 세계화

2. SOUL DIRECTOR 과정을 개설

3. 고객의 생애진로설계를 올바로 안내하는 진로상담 전문가를 양성할 것이다.

직업사명, 통합비전

직업사명 선언서를 작성하다 보면 상상체험을 통해 10년 후 나의
미래를 명료화한 내용이 곧 통합비전이 된다. 그리고 직업사명은 곧
직업가치이다. 내 통합비전을 이루는데 '나는 어떠한 사명으로 이 일
을 할 것인가?'이다. 평범하고 안일한 사고방식으로 남들과 똑같은
방식으로 제품을 만들고 서비스를 제공하여서는 결코 성공할 수 없

다. 남들보다 더 정성을 쏟아야 하고, 더 노력해야 하며, 더 고객을 감동시켜야 한다. 그러기 위해서는 철저한 소명의식으로 내 일에 최선을 다하여야 한다. 바로 이러한 다짐이 곧 직업가치이다.

나는 직업사명 선언서에서 작성한 '직업사명' 내용을 카니자 삼각형으로 도형화한 생애진로설계도의 '직업사명(가치)'란에 기록된 프레디저 직업가치 진단 내용과 비교하였다. 프레디저 진단 직업가치가 직업사명 선언서의 사명과 비전으로 구체화되었음을 알 수 있었다. 나는 직업사명 선언서의 내용을 생애진로설계도에 대입하여 직업가치 및 통합비전을 구체화하였다.

그리고 통합비전에서 제시한 사업을 달성하기 위해 10년 후 및 5년 후 목표를 다시 설정하였다. 10년 후 목표에 'SOUL DIRECTOR 과정 국제 세미나 개최'를 기록하고 이의 달성을 위해 5년 후 목표에 'SOUL DIRECTOR 과정 개발 및 책자 발간'을 넣었다. 또한 '생애진로비전센터 세계화'를 10년 후 목표로 하고 이의 달성을 위한 중간 목표로 '생애진로비전센터 법인 설립'을 5년 후 목표로 넣었다. 이러한 식으로 생애진로설계도를 완성해 나갔다.

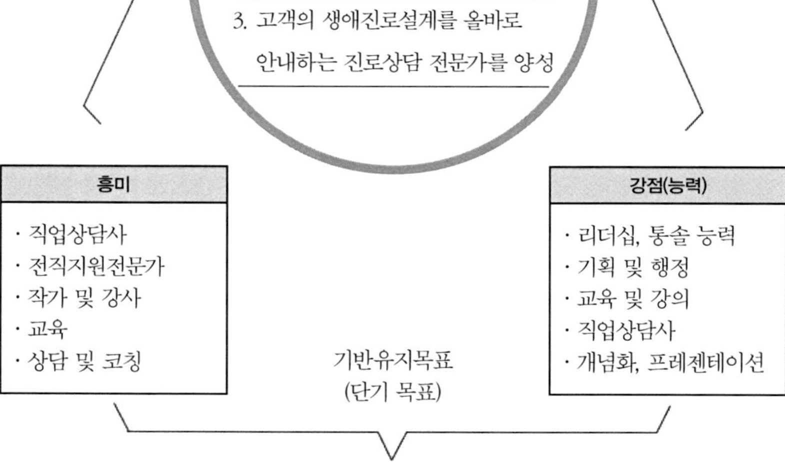
· 원주 치악산 아래 200평 규모의 전원주택 짓기
· 현금자산 150억 만들기
· SOUL DIRECTOR 과정 국제 세미나 개최
· 생애진로비전센터 세계화
· 사회복지학 박사학위 취득하기

직업사명(가치)
자신의 진로를 고민하는 청년 및 중장년들에게 직업을 통해 자신을 표현하고 궁극적으로 자신을 실현하는 삶을 안내하는 것

· 현금자산 10억
· 히말라야·인도 부부여행 가기
· SOUL DIRECTOR 과정 개발 및 책자 발간
· 생애진로비전센터 법인 설립
· 사회복지학 석사학위 취득, 직업상담사 1급
· 색채 및 푸드 테라피 배우기

통합 비전
진로상담의 슈퍼바이저로서
1. 생애진로비전 센터를 설립 및 세계화
2. SOUL DIRECTOR 과정을 개설
3. 고객의 생애진로설계를 올바로 안내하는 진로상담 전문가를 양성

궁극의 목표
(장기 목표)

신규도전목표
(중기 목표)

흥미
· 직업상담사
· 전직지원전문가
· 작가 및 강사
· 교육
· 상담 및 코칭

강점(능력)
· 리더십, 통솔 능력
· 기획 및 행정
· 교육 및 강의
· 직업상담사
· 개념화, 프레젠테이션

기반유지목표
(단기 목표)

· 헬스장에서 1시간 이상 근력 및 유산소 운동을 1주일에 3회 이상 하기
· 주 5회 이상 저녁식사를 채소, 과일 및 발효음식으로 식단 편성하기
· 1일 1시간 기도(명상)하기
· 직업상담사들과 정기적으로 모임 갖기
· 직업상담사로 취업하기
· MBTI, 에니어그램 일반강사 되기
· 월 100만 원이상 저축하기

나의 생애진로설계도는 얼마나 달성되었을까?

2016년 9월, 5년 전에 작성한 나의 생애진로설계도는 얼마나 달성되었을까?

현금자산 10억 만들기는 아직 진행 중이며, 직업상담사 1급 되기는 사회복지사 1급으로 대체되어 달성되었다. 올해 2월 나는 히말라야 인도 여행을 다녀왔는데 다른 여러 나라로 갈 수 있었음에도 불구하고 인도로 간 것은 내가 5년 후 목표로 세운 곳이기 때문이다. 여행을 생각할 때마다 '그래, 나는 인도를 가야 해. 인도여행은 나의 5년 목표니까!' 하면서 내 뇌리를 떠나지 않았다.

올해 7월, 나는 '미술치료를 적용한 상담기법' 교육을 2개월 동안 받았다. 사실 개인적으로는 별로 하고 싶지 않았는데 주변의 동료가 같이 배우자고 강하게 권유하는 바람에 거의 끌려가다시피 시작한 교육이었다. 한여름에 일과가 끝나고 야간에 가서 교육을 받는 것이 무척 힘들고 짜증이 나는 일이었다. 게다가 교육 내용과 강사의 수준이 기대했던 것보다 많이 못 미쳐서 교육을 받으면서도 실망이 컸다. 그러면서 '내가 왜 이 교육을 받고 있지?' 하면서 스스로 자문을 하였는데, 갑자기 '아! 이건 나의 생애진로설계도에 나와 있는 색채 테라피 배우기구나!' 하는 생각이 퍼뜩 들었다.

그랬다. 나는 의식적으로는 전혀 알지 못했지만 나의 무의식은 색채 및 푸드 테라피 배우기를 잊지 않고 있었던 것이다. 사실 배운 모든 내용이 색채를 활용한 치료기법이었다. 비록 푸드 테라피는 배우지 않았지만 색채 테라피를 배움으로써 나의 생애진로설계도는 거의 실현이 되었다.

또한 5년 후 목표에 '동양철학(명리학)을 접목한 진로상담 공부하기'가 있었는데 사실 명리학을 배우기 위해 학원을 알아보았다. 그런데 실제로 명리학을 가르치는 학원은 거의 없었고 배우려면 1:1로 거의 강사의 제자가 되어 전수를 받는 식으로 배워야 했다. 물론 비용과 시간 투자도 상당히 많이 해야만 하였다. 그래서 실행을 미루고 거의 포기하게 되었으며 일상의 업무에 파묻혀 그것이 내 5년의 목표라는 것을 까맣게 잊고 있었다.

그런데 올해 우연히 타로 상담을 접하게 되었다. 큰 흥미는 없었지만 몇 번 하다 보니 의외로 내가 카드를 해석하는 데 있어 남달리 소질이 있음을 느끼게 되어 적극적으로 배우게 되었다. 지금도 배우는 중인데 이 글을 쓰면서 생각해 보니 '동양철학을 접목한 진로상담 기법 배우기'가 '타로 상담을 접목한 진로상담 기법'으로 바뀌어서 나의 생애진로목표를 달성하게 된 것이다.

일단 생애진로설계를 하게 되면 그것은 알게 모르게 나의 마음을 조정하여 그 방향으로 나아가게 한다. 그래서 에너지가 모이고 결국 내가 세웠던 목표가 달성된다. 그러므로 누구에게나 생애진로설계는 매우 중요하다고 할 수 있다. 망망한 바다에서 목표가 없는 삶은 표류하는 삶이지 항해하는 삶이 아니다. 이제라도 나의 삶을 제대로 이끌어 가기 위해서는 생애진로설계도가 필요하다.

경력개발

| 커리어 계획서

커리어 계획서

내가 작성한 생애진로설계를 현실에서 구현하기 위해서는 어느 하나라도 지금 당장 실천하는 것이 중요하다. 이를 위해 우선 내가 할 수 있는 것부터 구체적인 실행계획을 수립하기 시작하였다. 먼저 표 6-1처럼 단기기반유지 목표로 선정한 '직업상담사로 취업하기'에 모든 역량을 집중하는 커리어 계획서를 작성하였다.

직업상담사는 연 3회 국가전문자격시험이 있으며 이 시험에 통과하여야 국가공인 직업상담사 자격증이 주어진다. 나는 올해 7월에 있는 2회차 시험에 응시하여 합격하여야 한다. 시험공부는 개인적으로도 할 수 있지만, 학원에 다니면서 준비하는 것이 효과적이다. 그리고 취업성공패키지 프로그램에 참여하면 내일배움카드를 발급받을 수 있고, 이 카드로 학원비를 결제하면 국가로부터 지원을 받아 매우 저렴하게 자격증 시험공부를 할 수 있다. 또한 직업상담 실무과정이라 할 수 있는 '커리어컨설턴트 양성과정'도 수강할 수 있다.

커리어계획서

구분	2011.1월	2월	3월	4월	5월	6월	7월	8월	9월	10월	11월	12월	2014년	2016년	2021년
직업				전직준비 기간						이력서/자기소개서 작성		직업상담사로 취업	생애진로설계 교육과정개발	법인설립/책자발간	국제세미나
직업		기본교육	국방전직 컨설팅								구직활동(네트워킹)				
자격				취업성공패키지 자등록	내일배움카드 발급		17-2회 자격 시험 (1차)	17-2회 자격 시험 (2차)	자격증 취득		17-3회 자격 시험 (2차)			사회복지사1급	
교육				학원 알아보기	학원 등록	직업상담사 1,2차 대비 과정 학원 다니기						사회복지대학원 진학	석사학위취득		박사과정진학
직무능력향상			MBTI 초급		MBTI 보수		MBTI 적용		MBTI 중급			MBTI 일반강사			
직무능력향상				에니어그램 초급	커리어 컨설턴트 양성과정 (삼성SDS)			에니어그램 중급			에니어그램 일반강사		프레디저강사		
재무 지출			교육비 20만원	교육비 20만원	교육비 20만원		교육비 20만원	교육비 20만원	교육비 20만원		교육비 20만원	교육비 20만원			
재무 저축												월 100만원		자산 10억	자산 150억
건강	1일 1시간 운동하기(걷기, 기구운동), 주 1회 등산하기(관악산)											헬스장 등록			
여가							요가명상하기		월1회 직업상담사 모임			울릉도 여행	동남아 여행	인도 여행	

표 6-1. 권일진 님이 작성한 커리어 계획서

MBTI 일반강사 및 에니어그램 일반강사 등은 자비 부담으로 공부를 해야 한다. 퇴직을 하여 수입이 전혀 없는 상황에서 그동안 모아 놓은 돈으로 생활비를 아끼고 교육비를 지급하면서 재취업 준비를 하는 일이 쉬운 것은 아니다. 나는 얼마나 버틸 수 있을까? 거기에 맞추어 철저한 절약을 전제로 하는 재무 계획 수립이 필요하다. 1년은 어느 정도 버틸 수 있지만 그 이상은 무리이므로 올해 안에 반드시 재취업을 하여 수입이 발생해야 한다.

이렇게 내가 처한 상황을 정리하다 보니 모든 여가 활동은 결국 취업 이후로 미루어야 한다. 일단은 돈이 들어가는 여가 활동은 중지하고 취업에 도움이 될 수 있도록 직업상담 분야에 종사하는 지인들과의 인적네트워크 모임은 정기적으로 유지하기로 했다. 또한 공부에 매진하면서 자칫 건강이 나빠질 수 있으므로 매일 꾸준한 운동으로 체력을 유지하고 명상 등과 같이 정신적인 건강을 유지할 수 있는 프로그램도 필요하다고 판단하였다.

| 경력개발

6+5

'6+5'는 사람들 앞에서 나를 소개할 때 쓰는 숫자다. 6은 20년의 직장생활 중 6번의 직장을 옮겼다는 의미고, 5는 20년 동안 5가지 직무를 수행했다는 의미다. 사실 경력개발을 위해서 직장을 옮길 수는 있지만 직무를 바꾼다는 것은 스스로 무덤으로 가는 길일 수도 있다. 나는 그 무덤을 5번 들어갔다 나왔다.

현재 나는 직업상담사로 일하고 있다. 정확하게 말하면 취업성공패키지 전담 상담사이다. 취업성공패키지는 고용노동부에서 저소득 취업취약계층의 취업을 지원하기 위해 개발한 프로그램으로 2009년에 시작됐다. 현재의 프로그램은 취업취약계층 뿐만 아니라 청년층까지 확대되어 폭넓게 시행되고 있다. 프로그램은 그림 6-1에서 보는 바와 같이 1단계 취업상담, 2단계 직업훈련 및 창업지원, 3단계 취업알선으로 진행되며, 진단을 통해 진로지도 검사를 실시하고 경로를 설정하고 직업능력을 개발할 수 있도록 국비로 직업훈련 수강을 지원한다. 그리고 각 단계마다 참여수당, 훈련수당, 취업성공수당을 지급함으로

써 실업자들의 참여 의식을 고취시키고 있다.

그림 6-1. 고용노동부의 취업성공패키지 프로그램 홍보물

나는 현재 이 일을 만 3년째 하고 있으며, 앞으로 더 성장하기 위해서 경력개발에 대한 고민을 많이 하고 있다.

이 글을 쓰는 이유는 나의 경력개발 과정을 공유함으로써 이 글을 접하는 이들에게 경력개발의 구체성을 제공하고 싶어서다. 모쪼록 올바른 경력개발을 통해 자신의 직무에서 성공하는 직장인이 되기를 진심으로 바란다.

경력개발이란 무엇인가?

경력개발이란 직업적 또는 전문적 숙련도와 인식 등을 발전시키기 위한 개인의 의식적이고 구조화된 노력을 뜻한다. 이 경력개발에 있어서 중요한 점은 기업이 구성원 개개인의 경력을 기업 내에서 개발하도록 격려하면서, 그 과정에서 기업의 목표달성에 필요한 능력개발을 촉진하는 과정이 되어야 한다는 데 있다. 따라서 개인은 경력개발을 위해 조직, 고용주, 전문가 집단의 도움과 지원을 구할 수 있다. 또 적절한 경력개발을 위해서는 기업 내 구성원 개개인이 경력목표를 설정한 후, 이 경력목표를 달성하기 위한 경력 경로의 결정과 함께 구체적인 경력계획을 수립하며, 이 경력계획을 효과적으로 달성하기 위하여 기업 내의 모든 개인과 조직이 함께 참여하는 활동이 필요하다.[2]

따라서 경력개발은 피고용자의 활용도를 최적화하기 위하여 조직 내에서 피고용자를 계발 또는 승진시키는 데에 쏟는 계획적, 조직적 노력의 과정이다. 일반적으로 경력개발에는 승진을 위한 경로를 계획하는 것, 개인적 성장의 기회를 마련하고 직무능력을 향상시키는 것, 피고용자의 능력과 적성에 맞는 목표를 세울 수 있도록 카운슬링을 하는 것 등이 포함된다.[3]

기업이 구성원 개개인의 경력을 기업 내에서 개발하도록 격려하면서, 그 과정에서 기업의 목표달성에 필요한 능력개발을 촉진하는 과정이 되어야 하지만 실상은 그렇지 않은 것 같다. 기업의 목표달성에 초점이 맞춰지기 때문에 개인의 경력개발이 소홀해지는 것이 현재의 단편적인 모습이다. 어쩌면 현재의 경력개발은 개인 스스로 무장해

---

2 [네이버 지식백과] 경력개발[經歷開發, Career Development] (HRD 용어사전, 2010. 9. 6., (주) 중앙경제)
3 [네이버 지식백과] 경력개발[經歷開發, Career Development] (교육학용어사전, 1995. 6. 29., 하우동설)

야 하는 개인적 차원의 문제로 접근해야 풀 수 있을지도 모르겠다.

사실 나는 직업상담사를 하기 전에는 경력개발이라는 것을 몰랐던 것 같다. 아니 정확하게 말하면 경력개발이라는 것을 책에서나 블 수 있고 나와는 전혀 상관없는 것으로 알고 있었다.

운명이 된 직업상담사

32년 전으로 돌아가 본다. 정확하게 중학교 3학년. 그때 나는 분명 한 꿈이 있었다. 그 꿈을 가지고 대학을 준비했고, 삼수를 하면서도 꿈을 위해 도전했지만 결국 원하는 대학에 들어가지 못했다. 사수를 생각하고 우선 들어간 곳은 전문대학…. 그리고 전자과….

이왕이면 취업이 잘되는 전공을 하기로 했다. 그래서 선택한 것이 전자과였다. 학과공부는 정말 어려웠다. 문과 출신이어서 그런지 전 공과목이 너무 어려웠다. 가까스로 학점은 교양과목으로 채웠다. 대 학 2학년 2학기 때 현장실습을 통해 그해 11월 나는 대기업 반도체 엔지니어로 사회생활을 시작했다.

7년간의 엔지니어 생활은 첫 단추가 얼마나 중요한지 뼈저리게 느 꼈던 기간이었다. 대기업이 주는 달콤함에 빠져 힘들면서도 무작정 버텼던 속 빈 강정과 같은 내 모습에 점점 힘들어 할 무렵 IMF가 터 지고 모 대기업으로 합병되는 상황이 어떤 결과를 줄지 모르는 가운 데, 위에서 시키는 대로 이곳저곳 다니면서 시위를 해야만 했던 그런 기간이 상당히 있었다. 결국 합병은 무산되고 내가 다니던 반도체 사 업부는 모 중견기업으로 넘어가면서 지방 발령을 받게 되었고 그때 나는 엔지니어 직무에 종지부를 찍을 수 있었다.

엔지니어로서 7년 동안 많은 것을 배울 수 있었다. 2교대 근무로 주야 근무를 번갈아 해야 했고, 위험한 가스와 화약약품을 늘 다루어야 했던 열악한 환경이었지만 사실 그런 것은 전혀 문제되지 않았다. 오히려 그런 열악한 환경은 그 누구보다 잘 적응을 할 수 있었다. 하지만 그 무엇보다 나를 힘들게 했던 것은 엔지니어 직무에 대한 일 자체였다. 핑계일 수도 있지만 엔지니어는 나와 적성이 너무 맞지 않았다. 그때의 경험이 나를 성장하게 만들어 준 것에 대해 감사하면서도 경력이 단절되는 아픔을 그 이후 계속 품고 다녀야 했다.

엔지니어로 일하면서 채워지지 않는 빈 가슴에 조금씩 들어온 것은 평생교육이었다. 일하면서 틈틈이 평생교육을 공부하게 되었고, 엔지니어를 그만둔 그다음 해에 평생교육사 자격증을 취득했다. 더불어 이루지 못한 꿈에 근접하고자 1년 동안 주말을 이용해서 유아체육교사 양성과정에 참여하게 되었고, 결국 유아체육교사로 2년 6개월 정도 근무하게 되었다. 30대 중반에 시작한 유아체육교사는 여러모로 힘든 점이 많았다. 갑자기 불어난 체중에 체력이 급감하고 첫 아이가 생기면서 자연스럽게 그만두게 되었다.

1년 6개월 정도 갓 태어난 아들과 함께 보낼 수 있는 시간을 가졌다. 경제적으로 넉넉한 편은 아니었지만 아이와 함께했던 그 기간은 참 행복했었다.

아들과 함께 보내는 기간 동안 틈틈이 구직활동에 참여했고, 1년 6개월의 공백을 깨고 모 대학 평생교육원 평생교육사로 일을 시작하게 되었다. 내 일생에 가장 행복했던 시간이었다. 왕복 4시간의 출퇴근 시간이었고, 일주일의 3일은 늘 저녁 10시 30분에 퇴근해서 12시

넘어 집에 도착하곤 했지만 가장 뜨겁게 열정을 불태울 수 있었던 시간이었다. 그럼에도 불구하고 개인적인 사유로 1년도 근무하지 못하고 그만두게 되었다.

또 약간의 공백기를 지나 구직활동을 통해 평생교육사로 재취업을 하게 되었지만 그곳에서도 1년을 버티지 못하고 그만두는 아픔을 겪게 되었다.

평생교육사 시절 나는 의미 있는 모임을 운영했었다. 매주 일요일 오후에 진행되는 발표모임이었는데 3명으로 시작된 모임은 그 후 수십 명이 참여하는 큰 모임으로 성장했고 4년 정도 모임을 이끌어갔었다. 그 모임에 참여한 한 분이 일할 수 있는 기회를 제공해 주었고 그렇게 나는 필리핀영어캠프 캠프지도사로 5년 동안 일을 할 수 있었다.

둘째가 태어나면서 육아휴직을 신청하게 되었고, 개인적인 이유로 육아휴직 3개월째에 5년 동안 몸담았던 캠프지도사 일을 그만두게 되었다.

그리고 정말 우연히 직업상담사를 알게 되었다. 초등학교 동창이 직업상담사 시험 준비를 하고 있었고 나도 한 번 도전해볼까 하는 마음으로 시작한 것이 바로 운명이 되었다.

직업을 가지는 세 가지 이유

오늘의 세상을 한마디로 표현하면 눈뜬장님의 세상이다. 정보의 홍수 시대를 넘어 빛의 속도로 세상의 모습들이 1초마다 바뀌는 현실이다. 그저 눈 한번 잠깐 감고 떴을 뿐인데 이미 세상은 저만치 흘러가고 있다. 그런 가운데 왠지 모르게 뒤처지는 듯한 씁쓸한 느낌에 사로잡히는 것은 우연이 아니다.

삶을 이루는 다양한 모습 속에 직업(직무)을 가지는 3가지 이유는 생계유지, 사회참여, 자아실현 때문이다. 이 세 가지가 조화롭게 구성되어야 직업(직무)에 대한 만족도가 높아진다. 경력개발이란 바로 직업(직무)에 대한 만족도가 시간의 흐름에 따라 유지되거나 향상되는 것을 뜻한다. 결국 직업(직무)에 대한 만족도를 높이기 위해 경력개발이 필요한 것이다. 그렇다면 과연 내가 가진 현재의 직업(직무)은 어떤 모습이고, 과거의 직업(직무)들은 어떤 모습이었을까? 우선 프레디저 카드 역량진단을 통해서 과거에 수행했던 직업(직무)들의 역량을 찾아보고 직업(직무)에 대한 만족도를 측정해 보았다.

나의 첫 번째 직업: 엔지니어
- 근무기간: 1994. 11 ~ 2001. 08
- 주요업무: 반도체장비 엔지니어
- 프레디저 카드 역량진단

자료	사물	사람	사고
분석하기	조립하기		
관찰 기록하기	수리하기		
확인하기	도구 이용하기		
연구하기	작동하기		
	나르기/운송하기		

- 직무 우선순위와 업무수행능력

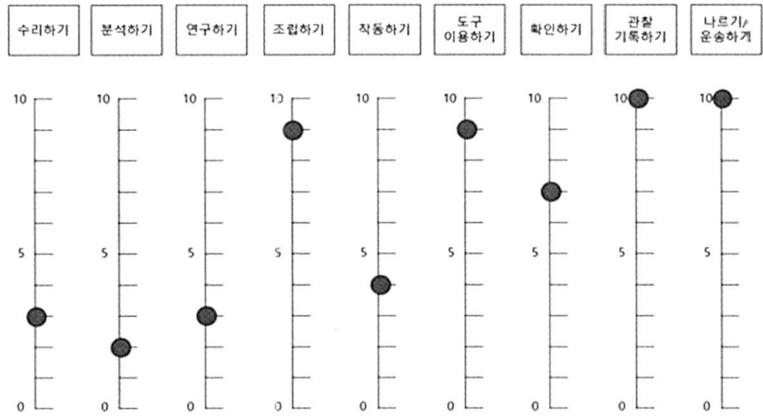

- 직무 만족도

생계유지	사회참여	자아실현
상	하	하

나의 두 번째 직업: 유아체육교사

- 근무기간: 2002. 01 ~ 2004. 07

- 주요업무: 어린이집, 유치원 체육교사

- 프레디저 카드 역량진단

자료	사물	사람	사고
연구하기	도구 이용하기	이끌기	설명하기
	나르기/운송하기	가르치기	발표하기
	이동하기		
	현장 관리하기		

- 직무 우선순위와 업무수행능력

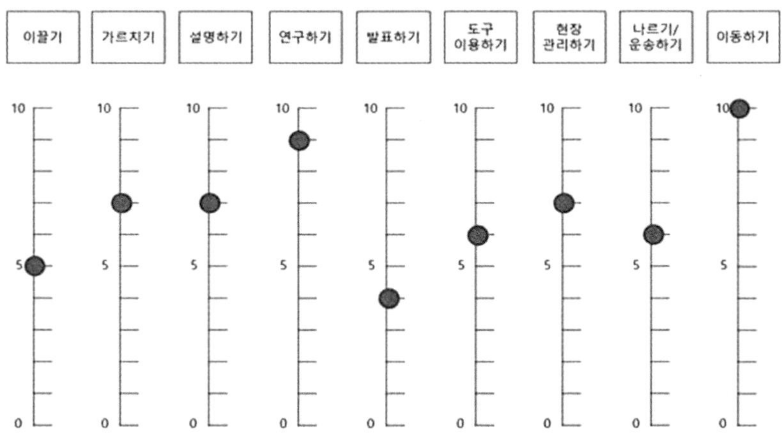

- 직무 만족도

생계유지	사회참여	자아실현
중	하	상

나의 세 번째 직업: 평생교육사

- 근무기간: 2005. 10 ~ 2008. 04

- 주요업무: 평생교육원 행정업무

- 프레디저 카드 역량진단

자료	사물	사람	사고
분석하기	현장관리하기	손님 모시기	홍보하기/알리기
연구하기		친구 사귀기	발명하기
심사하기		상담하기	

- 직무 우선순위와 업무수행능력

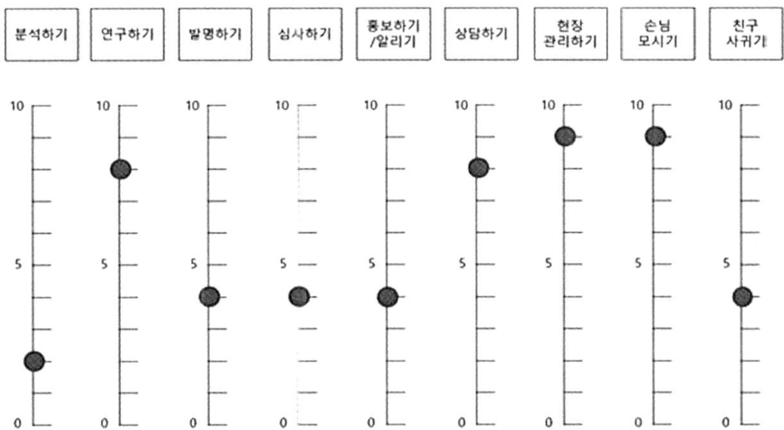

- 직무 만족도

생계유지	사회참여	자아실현
중	하	상

나의 네 번째 직업: 캠프지도사

- 근무기간: 2008. 06 ~ 2013. 02
- 주요업무: 필리핀영어캠프 진행
- 프레디저 카드 역량진단

자료	사물	사람	사고
예산(돈) 관리하기	나르기/운송하기	함께 일하기	홍보하기/알리기
확인하기	이동하기	이끌기	
연구하기	현장 관리하기		

- 직무 우선순위와 업무수행능력

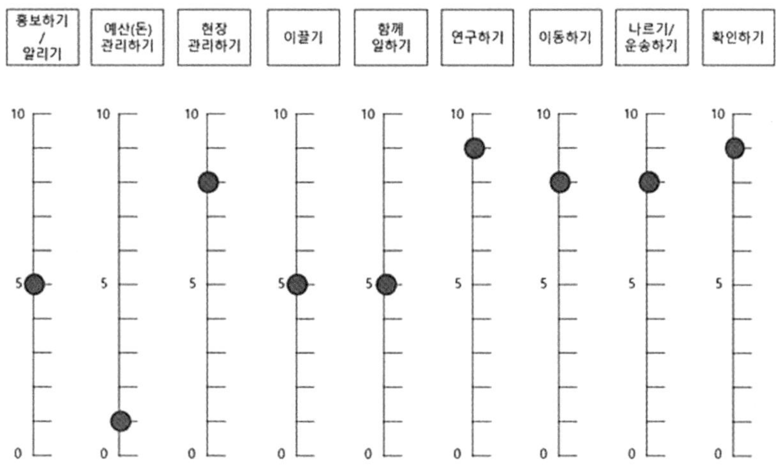

- 직무 만족도

생계유지	사회참여	자아실현
중	하	중

나의 다섯 번째 직업 I : 직업상담사(취업성공패키지 업무지원자)

- 근무기간: 2014. 02 ~ 2014. 10

- 주요업무: 취업성공패키지 행정지원

- 프레디저 카드 역량진단

자료	사물	사람	사고
계산하기		손님 모시기	홍보하기/알리기
예산(돈) 관리하기		함께 일하기	
정리하기/분류하기			
검토하기			

단서 모으기/탐색하기			
확인하기			

- 직무 우선순위와 업무수행능력

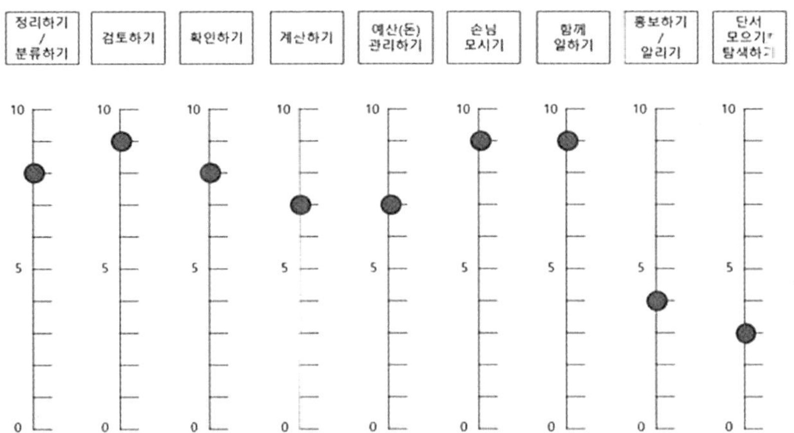

- 직무 만족도

생계유지	사회참여	자아실현
하	하	상

나의 다섯 번째 직업 Ⅱ : 직업상담사(취업성공패키지 상담사)

- 근무기간: 2014. 11 ~ 2016. 12 현재
- 주요업무: 상담을 통한 진로계획과 취업 알선
- 프레디저 카드 역량진단

자료	사물	사람	사고
정리하기/분류하기		함께 일하기	설명하기
분석하기		도움주기	홍보하기/알리기
단서 모으기/탐색하기		상담하기	
연구하기			

- 직무 우선순위와 업무수행능력

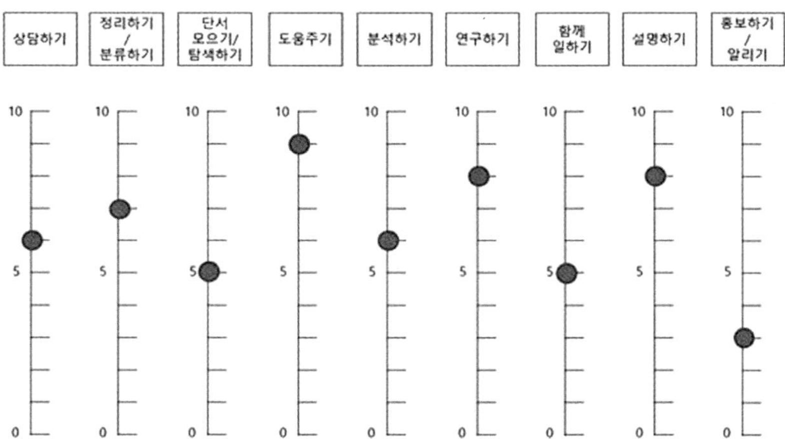

- 직무 만족도

생계유지	사회참여	자아실현
하	중	상

지금까지 과거에 수행했던 직무들과 현재 내가 수행하고 있는 취업 성공패키지 상담사 직무에 대한 프레디저 카드를 활용한 역량진단, 직무 우선순위와 업무수행능력을 평가해 보았고, 해당 직업에 대한 직무 만족도를 주관적인 입장에서 평가해 보았다.

아쉬운 것은 이러한 활동을 그때 그 직무를 수행하고 있을 때 평가를 해보았더라면 지금과는 다른 모습의 나와 만날 수도 있었을지도 모른다는 다소 엉뚱한 생각을 해본다. 분명한 것은 매 순간마다 성장하기 위해서 노력을 해왔지만 방향 설정이 제대로 되지 않은 채 경력개발이 아닌 자기계발의 형태로 진행되었다는 것을 느끼게 되었다. 그렇다면, 자기계발과 경력개발은 어떻게 다를까?

두 가지의 큰 차이점은 바로 방향설정이 있느냐 없느냐의 차이에서부터 출발한다고 볼 수 있다.

지금 당장 필요로 하거나 앞으로 필요할 것을 대비해 준비를 하는 것이 자기계발이라면, 경력개발은 지금 직무를 더 잘 수행하기 위해 필요한 것을 준비하는 것을 포함해서 내가 하고 있는 현재 직무에서 다음 단계를 설정하고, 그 단계에서 필요로 하는 역량을 현재에서 준비하는 것까지 포함하는 개념이라고 말할 수 있다.

경력지도

직업상담사로서의 나의 경력지도이다. 현재 취업성공패키지 상담사로서의 경력개발 뿐만 아니라 그 이후의 목표를 달성하기 위한 경력개발을 지금부터 디자인하 보았다.

직업상담사				
취업성공 패키지 업무지원 →	취업성공 패키지 상담사 →	취업성공 패키지 팀장 →	전직지원 전문가 →	진로디자이너 (1인기업)

직업상담사로서의 나의 경력지도에서 각 직무에 대한 역량들을 프레디저 카드로 진단해 보았다.

취업성공패키지 상담사	취업성공패키지 팀장	전직지원 전문가	진로디자이너 (1인기업)
정리하기/분류하기	정리하기/분류하기	정리하기/분류하기	분석하기
분석하기	확인하기	분석하기	연구하기
단서 모으기/ 탐색하기	함께 일하기	연구하기	상담하기
연구하기	도움주기	상담하기	협상하기
함께 일하기	이끌기	격려하기	글짓기
도움주기	상담하기	글짓기	홍보하기/알리기
상담하기	문제 해결하기	의미 찾기	발표하기
설명하기	홍보하기/알리기	발표하기	다르게 보기
홍보하기/알리기	아이디어 내기	아이디어 내기	아이디어 내기

역량개발 방법

현재 수행하고 있는 취업성공패키지 상담사뿐만 아니라 향후 취업성공패키지 팀장, 전직지원 전문가, 진로디자이너(1인기업)에 이르기까지 어떻게 경력을 개발할 것인가?

취업성공패키지 상담사 경력개발

앞에서 현재 내가 취업성공패키지 상담사로서의 역량진단, 직무우선순위, 업무수행능력과 직무만족도를 평가해보았다.

취업성공패키지 상담사로의 역량을 우선순위대로 적어 보면,

① 상담하기, ② 정리하기/분류하기, ③ 단서 모으기/탐색하기, ④ 도움주기, ⑤ 분석하기, ⑥ 연구하기, ⑦ 함께 일하기, ⑧ 설명하기, ⑨ 홍보하기/알리기 순이다.

업무수행능력을 보면 현재 잘하는 것도 있지만 대부분 중간에서 약간 높은 수준이다. 홍보하기/알리기는 우선순위상으로 제일 하의권에 있으며, 또한 수행능력 면에서도 제일 점수가 낮은 상황이다.

우선 각각의 역량이 무엇을 의미하는지 정확한 정의를 내리고 어떻게 하면 그 역량을 개발할 수 있을지를 구체적으로 보겠다.

우선 순위	역량	직무 내용
1	상담하기	상담을 통해 참여자의 니즈를 정확하게 파악하고 진로를 정할 수 있도록 다양한 정보를 제공한다.
2	정리하기/ 분류하기	상담한 내용을 워크넷 내부망에 자세하게 기록한다.
3	단서 모으기/ 탐색하기	상담 후 진로가 정해지면 구직자가 원하는 일자리를 다양한 채용사이트를 통해 정보를 모은다.
4	도움주기	현재 구직자가 처한 상황을 이해하고 원하는 부분을 다양한 방법으로 제공한다.
5	분석하기	현재 시장 상황을 정확하게 보는 눈이 필요하며 적절하게 구직자에게 관련 내용을 제공해 준다.
6	연구하기	직업상담사로서 필요한 역량을 키우기 위해 다양한 방법으로 공부한다.

7	함께 일하기	개별적으로 상담을 진행하지만 전체적으로 취업률을 높이기 위해서는 함께 정보를 공유한다.
8	설명하기	꼭 알아야 할 정보들을 상세하게 반복적으로 설명해 준다.
9	홍보하기/ 알리기	취업성공패키지 사업을 꼭 필요로 하는 사람들에게 알려 준다.

다음은 취업성공패키지 상담사로서 어떻게 역량을 개발해야 할지 역량개발 목표를 수립하였다.

순번	역량	역량개발 목표
1	상담하기	석사학위 취득
2	단서 모으기/ 탐색하기	취업 알선
3	분석하기	매체 활용(TV, 신문) → 스크랩
4	연구하기	자기소개서 작성방법 면접대응전략 직무이해도 높이기

직무 스토리 만들기

프레디저 카드를 활용한 '역량찾기'와 그 역량을 활용해서 직무에 대한 이해도를 알기 위한 직무 스토리를 만들어 보겠다. 해당 직무는 취업성공패키지 상담사(팀장)다. ㈜인덱스루트코리아 부천지점에는 총 6명의 상담사가 있으며, 그중 한 명이 팀장 역할을 하고 있다. 아무래도 팀장의 역할을 맡게 되면 일반 상담사보다 더 많은 역량이 필요하며, 팀장으로서의 고유한 역량이 있다.

먼저 취업성공패키지 상담사(팀장)에게 필요한 역량을 프레디저 카드로 찾아보겠다. 이 프로그램의 전제 조건은 해당 직무에 대한 이해도가 높아야 한다는 점이다. 역량이라는 것이 직무를 수행하는데 반드시 필요한(중요한) 요소이기 때문이다.

프레디저 카드 역량 진단

1. 그림이 위로 향하도록 하여 카드를 섞는다.
2. 카드 중 해당 직무에 필요하다고 생각되는 역량 9장을 선택한다.
3. 선택한 9장의 카드를 진단지에 기록한다.

자료	사물	사람	사고
정리하기/ 분류하기		함께 일하기	문제 해결하기
확인하기		도움주기	홍보하기/알리기
		이끌기	아이디어 내기
		상담하기	

프레디저 카드를 통해서 취업성공패키지 직업상담사(팀장)의 역량 9장을 선택했다. 이번에는 이 역량(키워드)을 사용하여 직무 스토리(해당 직무 정의 내리기)를 만들어 본다.

직무 스토리 만들기

전문지식(상담)은 갖추되, 팀장은 전문 인력이 아님을 명심해야 한다. 팀장의 역할은 팀의 업무를 수행하는 것이 아니라, 그러한 업무를 수행하는 팀원들을 돕고 이끌고 목표를 향해 제대로 가고 있는지 중간 점검(확인)하는 것이다. 그러므로 팀장에게는 업무에 대한 전문성보다는 리더십이 더욱 강조된다. 팀장은 팀원들이 함께 일하게 하고(함께 성장하기), 자신을 따르는 사람을 리더로 만들고, 그 리더를 변화의 원동력으로 만드는 사람이다. 또한 현장에서 발생할 수 있는 모든 문제들을 적극적으로 해결해야 하며, 기업이미지 쇄신을 위한 홍보활동에도 늘 참신한 아이디어를 수집해야 한다. 또한 프로젝트의 완성 과정을 기록하고 정리하며 이를 팀원들과 피드백한다.

역량 사다리

프레디저 카드를 통해서 취업성공패키지 직업상담사(팀장)에게 필요한 역량 9가지를 찾았다. 이제는 9장의 카드에 우선순위를 정할 차례다. 취업성공패키지 직업상담사(팀장)에게 가장 중요한 역량부터 순위를 매긴다.

① 이끌기
② 도움주기
③ 확인하기
④ 함께 일하기
⑤ 정리하기/분류하기
⑥ 문제 해결하기
⑦ 아이디어 내기

⑧ 홍보하기/알리기

⑨ 상담하기

이번에는 우선순위대로 역량 사다리에 표기한다.

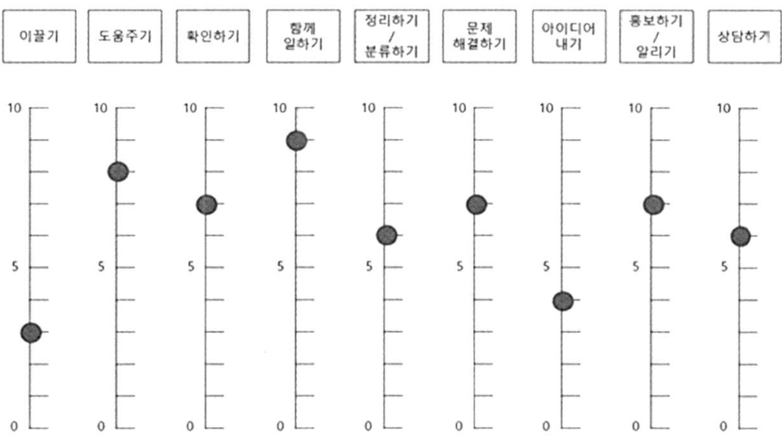

역량 사다리에 표기한 각각의 역량에 대해 자신이 현재 그 역량들 어느 정도 수행할 수 있는지 점수를 매긴다. 점수 구간은 0에서 10점 이다.

커리어 휠

이번에는 우선순위대로 커리어 휠에 표기한다.

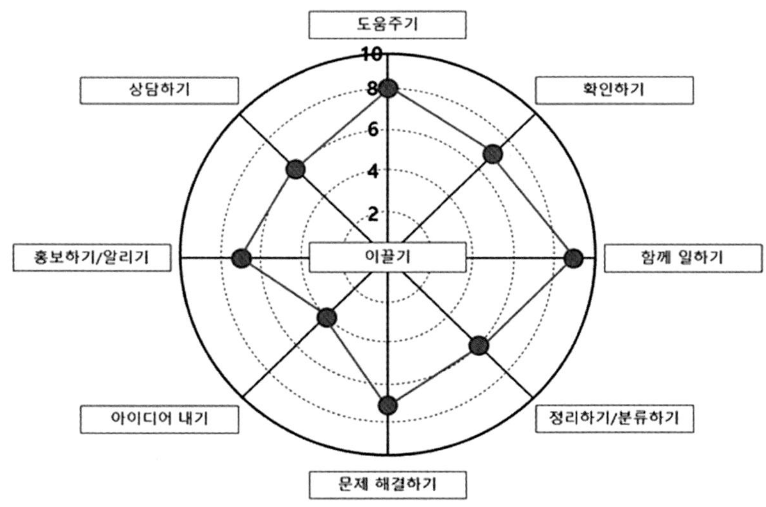

　　팀장으로서 역량을 확인해 본 결과 나에게 가장 시급하게 개발할 역량은 '이끌기'였다. 따라서 우선 '이끌기' 역량을 키우기 위해 무엇을 해야 할 것인가를 고민하여 역량개발 목표를 수립하였다.

순번	역량	역량개발 목표
1	이끌기	팀장 매뉴얼 만들기

경력개발 커리어 계획서

　　위에서 본 취업성공패키지 팀장의 경우처럼 향후 나의 경력지도에 나타나 있는 경력별로 역량개발 목표를 도출하였다.

전직지원 전문가 역량개발

순번	역량	역량개발 목표
1	글짓기	진로 관련 서적 저술하기
2	발표하기	강의능력 향상
3	아이디어 내기	콘텐츠 개발하기

진로디자이너(1인기업) 역량개발

순번	역량	역량개발 목표
1	협상하기	간접경험(독서)
2	홍보하기/알리기	블로그 운영
3	다르게 보기	다른 분야 경험하기

지금까지 도출한 나의 경력별 역량개발 목표를 종합하여 역량개발 계획을 작성하였다.

역량개발 계획

직무	역량	역량개발 목표	역량개발 계획
취업성공패키지 상담사(현재)	상담하기	• 관련 도서 읽기 • 교육프로그램 참여 • 석사학위 취득	월 1권 이상 책 읽기 반기 1회(연 2회) 2019년
	단서 모으기/탐색하기	• 취업 알선	연중 지속
	분석하기	• 매체활용(TV, 신문) → 스크랩	주 1회
	연구하기	• 자기소개서 작성방법 • 면접대응전략 • 직무이해도 높이기 • 집단상담 운영능력	분기별토 주제 정해 연구하기

직무	역량	내용	시기
취업성공패키지 팀장 (중기초반)	함께 일하기	• 업무매뉴얼 제작	2017년 초
	도움주기	• 팀원 역량 향상	월 1회 역량향상 교육
	이끌기	• 팀장매뉴얼 만들기	2017년 말
	홍보하기/ 알리기	• 홍보방법 아이디어 내기	2017년 3월
전직지원 전문가 (중기)	글짓기	• 저술활동 (경력개발/설계)	2019년 책 발간
	발표하기	• 강의능력 향상	2017년 3분기
	아이디어 내기	• 컨텐츠 개발하기	2019년
진로 디자이너 (장기)	협상하기	• 간접경험(독서)	2019~2022년 책 읽기
	글짓기	• 저술활동(진로)	2022년 책 발간
	홍보하기/ 알리기	• 블로그 운영	연중 지속
	다르게 보기	• 다른 분야 경험하기	2017년 말

역량개발 계획을 보기 쉽고 실천하기 용이하도록 커리어 계획서로 다시 작성하였다.

커리어계획서

직무	역량	2017년 1월	2월	3월	4월	5월	6월	7월	8월	9월	10월	11월	12월	2019년	2022년
취업성공패키지전담	상담하기	상담관련 책 월 1권 읽기			교육참여	상담관련 책 월 1권 읽기					교육참여	상담관련 책 월 1권 읽기		석사학위 취득	
	단서모으기/ 탐색하기	취업알선													
	분석하기	매체활용(TV, 신문) 주 1회 진로 관련 기사 스크랩													
	연구하기	자기소개서 작성법			면접대응전략			직무이해도 높이기			집단상담 운영				
취업성공패키지팀장	함께일하기	업무매뉴얼 작성													
	도움주기														
	이끌기											팀장매뉴얼작성			
	홍보하기/ 알리기	홍보 아이디어내기													
전직지원전문가	글짓기									자료수집				책발간 (경력개발)	
	발표하기								강의능력 향상 교육					전문강사	
	아이디어내기													컨텐츠 개발	
진로디자이너	협상하기													협상관련 책 읽기	
	글짓기													자료수집	책발간 (진로)
	홍보하기/ 알리기					블로그 운영									
	다르게보기										다른 분야 경험하기				

큰 목표를 성취하는 방법

지수함수의 법칙

중국의 모소 대나무는 씨앗을 뿌리고 싹이 움트고 4년이 지나도 불과 3㎝밖에 자라지 못한다. 하지만 이 대나무는 5년째 되는 날부터 하루에 30㎝가 넘게 자라서 6주 후에는 15m 이상 자라게 된다. 그 4년 동안 모소 대나무는 땅속에 수백 ㎡에 이르도록 뿌리를 펼치고 있었던 것이다. 당신도 무언가를 죽어라 하는데 눈앞에 성과가 보이지 않더라도 실망하지 마라. 당신은 지금 성장하지 않는 것이 아니라 뿌리를 내리고 있는 것이다.

카오스 이론에 따르면 자연의 성장 법칙은 지수함수의 법칙을 따른다. 지수함수의 법칙이란 전체가 매번 일정 비율만큼 변화에 영향을 주는 것으로 1회차를 거쳐서 늘어난 전체가 다음번 증가에 기여하기 때문에 계속하여 증가분이 증가하게 된다. 가장 쉬운 예는 은행예금의 복리이고 눈사람을 만드는 과정이고 세균의 번식과정이다.

옛날 어느 지주가 한 농부로부터 큰 도움을 받았다. 그래서 지주는 농부에게 어떻게 사례를 하면 좋을까를 물었다. 농부는 오늘은 쌀 한 톨, 내일은 두 톨, 모레는 네 톨로 매일 두 배로 쌀을 늘려가면서 1년간 달라고 했다. 그러자 지주는 그건 어렵지 않다고 생각했고, 그 농부와의 약속대로 매일 쌀을 2배수로 지급했다. 이는 2의 365승을 의미한다. 이를 숫자로 나열하면 1년 후 쌀의 개수는, '7515336264 87626632924633790972587848760218415650662358626333110890030 68880366747019083836794831259849702191923개'이며 컴퓨터로도 계산이 불가능한 숫자이다. 결국 지주는 자신의 모든 재산을 다 주어도 농부의 요구를 들어줄 수 없었다.

비선형함수인 지수함수의 특징은 일정 기간까지는 증가분이 전체적으로 소량이어서 눈치채기가 어렵다는 것이다. 그러나 어느 시점부터는 폭발적으로 증가하여 이미 알았더라도 더 이상 손을 쓸 수 없는 경우가 대부분이다. 예를 들어 세균 또는 암세포의 번식으로 내 몸이 병들 때에도 초기에는 아무 증상이 없어서 내가 병에 걸렸다는 것을 알기 어렵다. 그러나 몸에 이상이 오고 증상이 나타날 때는 이미 말기상태여서 더 이상 치료가 불가능한 경우 등이다.

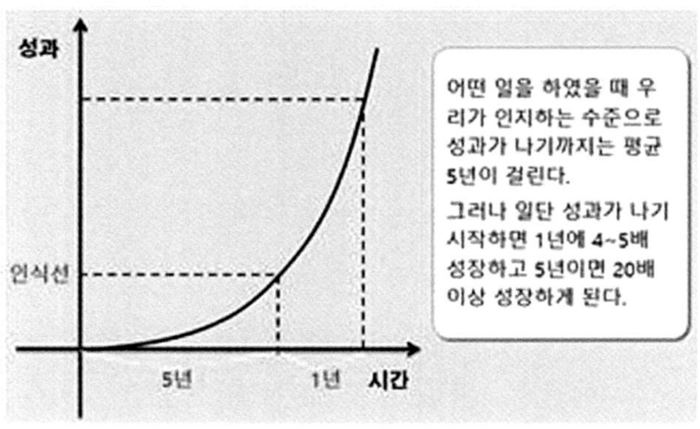

사회의 경제 시스템도 마찬가지다. 주식이 폭등하고 주변 여기저기서 주식으로 돈을 벌었다는 소식이 들린다면 이미 그것은 한계에 다다른 것이다. 만약 내가 주식시장에 뛰어든다면 곧이어 주식은 폭락할 것이다. 부동산이 잘되어 여기저기서 부동산 투기 열풍이 분다면 그 시장은 곧 수명이 다한 것이다. 정말로 돈을 버는 사람은 그러한 현상이 눈에 보이게 나타나기 이전에 그러한 징후를 알고 미리 투자하는 사람이다.

내가 계획을 세우고 씨를 뿌려도 어떤 임계지점까지는 아무런 변화가 없다. 학습이나 운동을 해본 사람은 느끼겠지만, 초창기에는 아무리 시간을 투자하고 노력을 기울여도 실력이 향상되었다는 느낌을 갖기 어렵다. 일정 기간 동안은 성적이 전혀 오르지 않고 현 상태가 지속되어 학생들은 쉽게 조절하고 포기를 하곤 한다. 그러나 그 고비를 넘기고 어느 시점에 이르면 갑자기 실력이 향상된 자신을 발견하게 될 것이다.

미국의 연구 결과에 의하면 통상 기업이 가시화된 성과를 나타내는데 평균 5년이 걸린다고 한다. 마찬가지로 당신이 계획을 세우고 첫발을 내디뎠다면 5년간 포기하지 않고 꾸준히 할 각오를 하지 않으면 안 된다. 만약 그러한 자신이 없다면 차라리 시작하지 않는 것이 낫다. 대부분의 사람들이 한 가지 결정을 하고 이를 이루기 위해 열심히 노력하다가 이제 곧 가시적인 성과가 나타나려고 하는 그 시점 바로 문턱에서 "아무 성과가 없잖아!" 하면서 포기를 하고 다시 다른 일을 시작하기 때문에 아무런 성과를 나타내지 못하고 시간만 낭비하는 결과를 초래하는 것이다.

목표와 실존

실존주의 심리학자들은 미래의 허구적인 목표보다는 지금 여기에서 집중하는 것이 중요하다고 말한다.

실존적 삶에서는 유기체의 자연스러운 욕구에 따라 지금-여기(Now and Here)에서의 삶에 충실하고, 미래의 고통을 피하기 위해 온 에너지를 미래를 계획하고 안전장치를 만드는 데 소모하지 않는다.

비현실적인 삶은 허구적인 목표를 설정하고, 끊임없이 그 목표에 도달하도록 자신을 채찍질하며 항상 도달하지 못한 부분 만큼에 대해 스스로 질책하는 비관적인 삶이다.

실존적인 삶은 미래의 당위가 아니라 현재에 있는 것이 중심이 된다. 현재 살아 숨 쉬고 움직이는 나와 너, 너와 세계의 실존적 상황에서의 참 만남이 있을 뿐이다.

그런데 성공학에서는 또 이렇게 말한다.

1. 나의 명확한 목표를 달성할 능력을 갖고 있음을 알고 있다. 그러므로 나는 그 달성을 위한 끈질기고 적극적이고, 지속적인 행동을 할 것을 스스로 다짐한다.
2. 나는 다가오는 5년 동안 나의 명확한 목표를 설정하고 그것을 글로 써 놓는다. 그리고 그 5년 동안 매년 나의 노력에 대한 가격을 매겨 놓는다.
3. 나는 하루에 30분간 내가 되고 싶은 사람의 성격에 나의 정신

을 집중하며 그 사람의 모습을 그려본다. 그리고 실제적인 행동을 통하여 그 모습을 현실로 전환시킨다.

우리의 고민은 '두 가지 상충하는 논리를 어떻게 조화롭게 적용할 것인가?'이다. 이는 목표와 실존의 갈등이다. 대부분의 사람들은 자신들이 뭔가(더 많은 시간, 돈, 사랑 혹은 다른 뭔가)를 가진다면(소유), 비로소 자신들이 뭔가(책을 쓰고, 취미를 키우고, 휴가를 가고, 집을 사고, 관계를 감당하는 따위의)를 할 수 있고(행위), 그것은 자신을 뭔가가 되게(존재)-행복하게, 평온하게, 만족스럽게, 애정 깊게- 해줄 것이라고 믿는다. 그들은 '소유(가짐) → 행위 → 존재(됨)'의 패러다임을 가지고 있다. 그러나 실제로 우주에서는 '가짐'은 '됨'을 낳지 않는다. 오히려-그들의 생각과는 반대로- '존재(됨) → 행위 → 소유(가짐)'의 패러다임으로 움직인다.

먼저 '행복한'-혹은 '알'거나 '현명하'거나 '자비로운' 따위의- 상태가 되고 나서, 이 되어 있음의 자리에서 뭔가를 하기 시작하라. 그러면 얼마 안 가 자신이 하고 있는 일이 내가 항상 갖고 싶어 하던 그것을 가져다주면서 끝맺는다는 걸 발견할 것이다(이것이 창조의 과정이다). 이 창조의 과정을 작동시키는 방식은, 먼저 '갖고' 싶은 게 뭔지 살펴보고, 그것을 가진다면 자신이 어떻게 '될' 것 같은지 자문해 본 다음, 곧바로 그런 '되어 있음'으로 들어가라. 당신이 미리 무엇이 되기로 정하는가가 그것을 당신의 체험으로 만들어 낸다.

목표를 실존에 통합시켜라. 목표를 수립하는 순간 이미 그것을 달성했다고 느껴라. 그리고 그런 듯이 행동하라. 그러면 당신은 그것을 자신에게 끌어올 것이다. 인천 재능대학교 1학년생이던 이민 양은 두바이에 있는 7성급 부르즈 알 아랍 호텔의 조리사가 되는 것이 꿈이었다. 그녀의 마음은 이미 조리사가 되어 있었다. 그녀는 명함부터 만들어서 사람들에게 나누어 주며 "2년 뒤 부르즈 알 아랍 호텔 조리사 이민입니다."라고 자신을 소개하였다. 그녀는 조리를 배우면서도 조리사의 눈으로 교육과정을 보았다. 자신의 고객은 주로 아랍의 외국인이므로 그분들의 기호에 맞는 조리를 만들었다. 그리고 영어를 사용할 것이기 때문에 영어공부에 매진하였다. 정확하게 2년 후에 그녀는 부르즈 알 아랍 호텔의 조리사가 되어 있었다. 마음이 가는 곳에 에너지가 따르며, 에너지가 작용하는 곳에서 변화는 일어난다.

중년기 진로발달

| 중년기 진로발달의 특징

중년기 진로발달

나의 생애는 무의식이 그 자신을 실현한 역사이다. 무의식에 있는 모든
것은 사건이 되고 밖의 현상으로 나타나며, 인격 또한 무의식적인 여러
조건에 근거하여 발전하여 스스로를 전체로서 체험하게 된다.

- 칼 융

융은 자아(Ego)와 자기(Self)를 구분하여 설명하였는데 자아란 프로
이트가 말한 에고(Ego)이며, 자기(Self)는 의식과 무의식을 통합한 성격
의 중심으로 의식과 무의식의 주인이며, 인간이 실현하기 위해 타고
난 청사진이다. 즉, 전체로서 인간 성격의 모든 부분을 한데 묶어 균
형 있게 하여 통일, 평형, 안정을 가져오게 하는 심리적 원형을 말한
다. 삶이라는 것은 바다 위에서 출렁거리는 파도와 같은 자아가 그
근원인 바다와 함께 존재하는 더 큰 자기를 찾아가는 여정인 자기실
현 과정이다.

내가 살면서 경험하는 모든 것은 사실 무의식 안에 이미 존재하고

있었던 것들이다. 그것들은 적절한 시기에 사건이 되고 내가 경험하는 현실 세계의 현상으로 나타나 나를 체험으로 이끈다. 이러한 과정을 통해 자아는 성장을 하고 궁극적으로는 진정한 자신(Self)에 통합됨으로써 스스로를 전체로서 체험하는 것이다. 그렇다고 해서 자신의 개성이 사라지는 것이 아니라 오히려 그동안 외부에서 주입된 가치에 따라 발달시켜온 나 아닌 것들을 모두 이해하여 진정으로 타인과 구별되는 독특한 자신이 되는 것이다.

개인은 인생의 전반부에는 사회에서 요구하는 역할에 초점을 맞추어 사회적 자아인 '페르소나(Persona)'를 발달시킨다. 페르소나는 개인이 사회적 요구에 대한 반응으로 내보이는 사회적인 모습이다. 개인이 사회에 적응하기 위해서는 페르소나가 필요하다. 페르소나는 사회생활을 본격적으로 시작하는 청소년기부터 발달하여 중, 장년이 되면 그 정점에 이른다. 페르소나는 외부 세계인 사회와 소통하면서 전면에 내세우는 내 모습이다. "나는 직장에서는 한 회사원이면서 중간 관리자인 부장이고, 집안에서는 남편이면서 아버지이고 가장이다. 나는 회사에서는 관리자로서 갖추어야 할 리더십, 조직관리, 책임감 등의 덕목을 갖추어 왔고, 집에 와서는 한 집안을 책임지는 가장으로서의 근엄함"을 발달시켰다.

이렇게 내가 지금까지 살아오면서 의도적으로 의식의 전면에 발달시킨 자아의 모습 이면에는 그와 반대되는 자아가 무의식에 억압되어 숨겨져 있다. 예를 들면 회사원으로만 살면서 그동안 하고 싶었던 음악, 미술 등 본인이 하고 싶었던 활동을 하지 못하고 차일피일 미루어왔던 것들. 조직의 억압에서 해방되어 마음껏 세계를 다니고 싶은 마음. 결혼과 집안의 굴레에서 벗어나 다른 여자(또는 남자)와 연애를 하고 싶은 욕망. 모든 삶의 굴레를 벗어던지고 자연으로 돌아가 자연 속에서 자유로운 삶을 살고자 하는 자유에 대한 갈망 등이 그것이다. 이렇게 의식의 표면에 드러나지 못하고 무의식에 감추어진 또 다른 자아를 그림자(Shadow)라고 한다.

그림자는 페르소나가 발달하면서 상대적으로 억압되어 무의식에 잠재되어 있는 자아이다. 사람의 무의식 속에는 자기 자신도 모르는 또 다른 '자신'이 존재하는데 이것은 자신도 모르게 자신이 실수를 하게 해서 의식적 자아가 주장하는 것과는 전혀 다른 모순된 행동을 하게 한다. 개인이 내가 알고 있는 자신만이 자신의 전부라고 생각하고 그런 자신만을 내세우면 그 밑바닥에 있는 나의 어두운 부분을 모르게 되는데 그림자는 이처럼 자신의 어두운 일면으로 무의식에 존재하는 '나'인 것이다.

융은 개인이 중년이 되면 그동안 억압되었던 그림자가 표면으로 떠오르고 이것은 페르소나와 갈등을 일으켜 중년기 심리적 위기를 겪게 된다고 하였다. 그런데 개인이 그림자의 목소리에 귀를 기울이지 않고 지금까지의 방식으로 계속 억압하면 그림자는 신체적, 정신적으로 각종 질병을 만들어 내기도 하고 정신분열, 다중인격 등으로 자신을 표출할 수도 있다. 그러므로 이때는 그림자를 의식의 표면에서 적절히 수용하여 무의식에 잠재되어 있는 무궁한 에너지를 적극 활용하는 지혜를 발휘해야 한다. 따라서 중년기 이후의 삶은 자신의 내면에 초점을 맞추어 내면의 목소리에 귀를 기울이고 잠재력의 개발에 노력해야만 하는 것이다.

| 에니어그램과 중년기 진로발달

에니어그램과 세 가지 근본 집착

에니어그램은 BC 2,500년 전에 중동지방에서 영적 수행자들에 의해 구두로 전수되었으며 러시아의 구르지예프(Gurdjieff, 1887~1949)에 의해 1세기 전에 서구에 전해졌다. 에니어그램(Enneagram)은 그리스어 'Ennea'라는 말로 '9(아홉)'을 뜻하고 'grma'은 '면(面)'을 뜻하여 아홉 개의 면을 의미한다. 에니어그램은 참된 자기(Self)가 어떻게 왜곡되어 현재 내가 인식하는 자아(Ego)로 나타나는지를 밝히고 있다. 따라서 에니어그램은 왜곡된 자아의 '아홉 개의 가면'을 나타낸다.

에니어그램의 도형은 완전한 참된 자기를 나타내는 원, 참된 자기의 세 가지 본질과 자아에 의한 세 가지 근본 집착을 나타내는 삼각형, 그리고 그 집착이 변화하고 상호작용하는 모습을 나타내는 헥사드로 구성되어 있다.

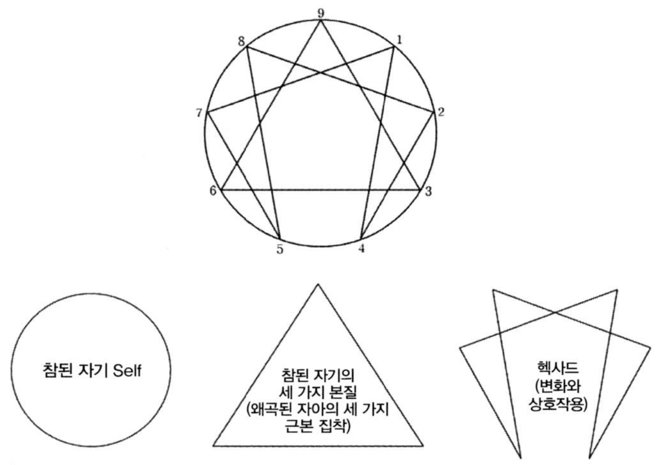

육신의 생존과 운영을 관장하던 참된 자기의 의식의 일부가 몸과 자신을 동일시하면서 왜곡된 자아(Ego) 개념을 형성한다. 참된 자기는 자신이 완전한 존재라는 사실을 자각하고 있으나 이를 알지 못하는 자아(Ego)는 '육체가 곧 자신'이라는 무지에 빠진다. 자각은 생각에 의존하지 않고 생각 이전에 이미 존재하고 있는 각성이며 자존감이다. 그런데 자아(Ego)는 근본적으로 의식의 일부 기능인 생각으로 이루어져 있으므로 자신이 알고 있는 지식 너머에 있는 것은 알 수 없다. 자각은 생각을 하지 않을 때 직관의 형태로 감지되는 것이기 때문이다.

존재의 본질은 그 자체로서 완전하고 불멸이나 자아(Ego)는 자신이 소멸할 수 있는 유한한 존재이며, 자신의 힘에는 한계가 있고, 근본적으로 육체에 속박되어 있는 억압된 존재라고 착각한다. 여기서 모든 집착이 형성된다. 자아는 소멸에 대한 두려움과 억압에 대한 분노를 갖게 된다. 다른 존재와 함께 사랑으로 자신의 완전함을 자유롭게 표현하고자 하는 참된 자기의 욕망은 왜곡된 자아에 의해 다른 존재에 대한 지배를 통해 생존하려 하고 자기를 보존하고자 하는 욕구로 바뀐다.

자아는 강한 힘에 의존하여 주변을 자기 힘으로 지배하는 것이 자신을 보존하는 것이라고 생각한다(8번 집착). 그러나 환경은 나의 힘보다 강하다. 불필요하게 사사로운 일로 세상과 부딪히며 갈등을 만들 필요가 없다고 생각하여 주변과 적절히 타협하려 한다(9번 집착). 그리고 존재의 완전함을 본받으려는 자아는 아무리 타협해도 근본적인 소멸에 대한 두려움은 없앨 수 없으므로 자신이 좀 더 완벽해져야 한다고 생각한다(1번 집착).

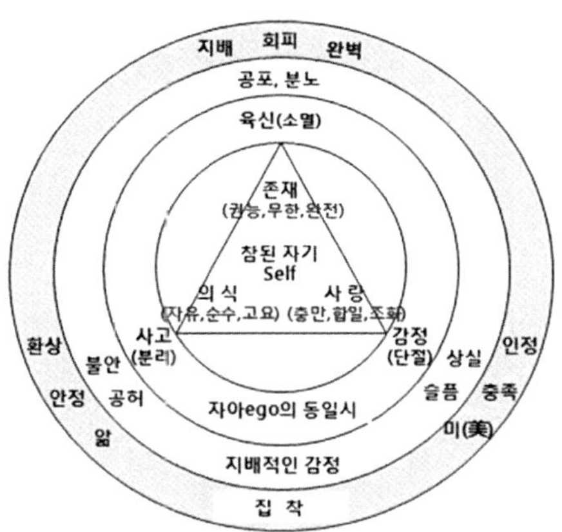

그림 7-1. 존재의 세 가지 본질과 에고의 3가지 근본 집착의 관계를 나타낸 도식

존재의 의식은 모든 것을 드러나게 하는 바탕으로 그 본질은 어떤 것에도 물들지 않은 순수함이며 어떠한 것으로도 변화할 수 있는 구한한 가능성이며 어떠한 갈등도 없는 고요함과 평화로움이다. 그러

나 자아(Ego)는 전체의식에서 떨어져 나온 한 생각이나 개념을 자신이라고 알고 있기 때문에 모든 사물을 분리된 것으로 본다. 그래서 모든 것을 선과 악, 긍정과 부정, 전쟁과 평화 등 대립의 관계인 이원성으로 이해한다. 이 이원성은 자신과 외부를 항상 비교하게 되고 비교에서 오는 대립과 불균형은 불안감을 느끼게 한다. 자아는 자신의 생각이 옳은 것인지 항상 의심한다. 또한 자아는 자신이 불완전한 존재라는 생각으로 공허함을 느낀다. 자아는 자신의 불안감을 해소하기 위해 현실을 도피하여 환상을 찾아 탐험에 나서거나(7번 집착), 세상에서 인정하는 권위를 따르면서 안정을 구하고자 한다(6번 집착). 또는 자신이 모든 것을 알게 되면 불안으로부터 벗어날 수 있다고 생각하여 끝없이 지식을 추구한다(5번 집착).

사랑의 본질은 만물을 서로 연결하는 끌림이며 서로 조화롭게 공존하며 하나를 이루는 합일이고 충만함이다. 자아(Ego)는 다른 존재와 단절되어 느껴지는 감정이 곧 자신이라고 생각하기 때문에 단절에서 오는 상실감과 고독감을 느낀다. 자아는 사랑의 충만함과 끌림, 조화로움을 회복하고 싶어 한다. 그래서 자아는 타인의 감정을 자신의 감정처럼 여기고 사람에게 끝없이 다가가려 하며(2번 집착), 세상 사람들이 자신을 인정해 주기를 바라며(3번 집착), 사람들이 인정하는 아름답고 독특한 자신이 되고자 한다(4번 집착).

자아(Ego)가 육체와 사고와 감정을 자신과 동일시하면서 세 가지 근본 집착이 형성된다. 이 세 가지 근본 집착은 누구에게나 있는 것이지만 그중에서도 어디에 무게 중심이 있느냐에 따라서 본능 중심(배짱형), 사고 중심(머리형), 감정 중심(가슴형)으로 나눈다.

1. 본능 중심(배짱형): 8, 9, 1 유형

배짱형은 참된 자기의 존재를 육체와 동일시하면서 형성된 집착이다. 그래서 배짱형은 무의식 깊은 곳에 참된 자기 존재의 본질에서 나오는 의지가 반영되어 있다. 이 의지는 "나는 불멸의 완전한 존재이며, 모든 것을 할 수 있는 권능이다."는 의지이다. 그래서 배짱형은 "나는 완전하다."라는 자존감과 자각, "세상은 내 뜻대로 되어야 한다."는 지배욕을 가지고 있다. 그래서 이들은 자존감이 높으며, 놀라운 직관능력을 가지고 있고 힘을 중시하며, 완전해지고 싶어 한다. 이들은 어디를 가든지 누가 강하고 약한지를 본능적으로 알며, 상황을 파악하는 능력이 뛰어나다.

이들의 체격은 보통 튼튼하고 건장하며 잘 발달된 근육과 툭 튀어나온 뼈와 결합조직을 갖고 있어 묵직하고 힘이 느껴진다. 그들의 모난 턱과 광대뼈는 다른 사람에게 투쟁적으로 보일 수 있으며 진지함과 무정함을 드러낸다. 그들은 단호한 눈매와 도전적인 표정을 하고 있다. 그들은 육체에서 힘의 중심인 단전이 있는 하복부와 소화기관이 잘 발달되어 있고 본능과 습관에 따라 행동한다.

배짱형의 중심 정서는 죽음에 대한 공포와 육체에 속박되어 자유가 억제된 것에 대한 분노다. 이들은 세상을 힘이 지배하는 약육강식 투쟁의 장으로 본다. 그래서 자신을 보존하고 자신을 나타내기 위해서는 강한 힘이 필요하다고 느낀다. 이들의 주 관심사는 자기 자신과 힘, 현재이다.

이들은 항상 자신의 존재를 과시하고 싶은 욕구를 가지고 있다. 이는 존재에서 나오는 자존감의 변형된 형태이다. 이들은 자신의 영향력이 행사되는 범위가 곧 자기 자신이다. 그래서 자신의 영역에 집착

한다. 8번이나 9번 유형의 경우 정리정돈을 잘 하지 않아 물건을 산만하게 흩어 놓는 경향이 있는데 그래도 이들은 필요한 물건이 어디에 있는지 정확하게 알고 있다. 누군가가 자신이 모르게 물건의 위치를 바꾸어 놓으면 그것은 곧 자신에 대한 침해이므로 분노를 느낀다.

이들은 힘으로 세상을 지배하고자 한다. 그것이 자신의 존재감을 높이며 생존을 보장하고 자신을 자유롭게 해준다고 믿기 때문이다. 또한 이들은 불멸에 매달린다. 그래서 모든 권력자들은 사후세계에도 자신의 권력이 계속 이어질 수 있도록 무덤에 집착하였으며 권력을 자기 자손에게 대물림하고 싶어 한다.

이들은 좀 더 완벽해져야 한다는 강박관념을 가지게 된다. 만약 힘겨루기에서 상대에게 지는 것은 자신의 공포감과 허약함을 드러내는 것이므로 이들은 용납할 수 없다. 이들은 자신의 내면의 감정인 공포와 분노를 억압하여 밖으로 나오지 못하게 한다. 그래서 이들은 자신의 감정을 솔직하게 표현하는 것이 어렵다.

이들이 주로 사용하는 방어기재는 부정과 부인이다. 이는 무한과 불멸이라는 자신의 존재를 생각할 때 '그렇지 않다'라는 사실은 인정할 수 없는 것이다. 그래서 이들은 자신의 뜻대로 되지 않을 때 타인을 부정하고 상황을 부정하고 자기 자신을 부정한다.

이들은 자신의 욕구가 세상과 마찰을 일으키고 세상으로부터 비난이 쏟아질 것임을 알고 있다. 그래서 이들은 세상이 용납할만한 미덕을 이용하여 자신의 욕구를 정당화한다. 이들이 주로 사용하는 세상의 미덕은 정의, 평화, 자유, 원칙, 신념 등이다.

이들이 자신의 집착 뿌리를 알고 자신에게 솔직해지고 타인을 지배하기를 그만둘 때, 자기 자신을 억압하기를 그만둘 때 권능은 저절로 드러날 것이며 자신으로부터 자유로워질 것이다.

2. 사고 중심(머리형): 5, 6, 7 유형

머리형은 참된 자기의 순수의식을 개념과 생각의 영역인 사고와 등일시하면서 형성된 집착이다. 그래서 머리형은 무의식 깊은 곳에 참된 자기의 의식의 본질에서 나오는 의지가 반영되어 있다. 이 의지는 "나는 순수한 의식이며, 모든 가능성이며, 대립이 없는 고요함이다."는 의지이다. 그래서 머리형은 "나는 자유롭고 순수하다."라는 환상, "나는 모든 것을 알고 있다."는 논리, "나는 고요하게 있고 싶다."는 독립성을 가지고 있다. 그래서 이들은 보통 정직하고 상상력이 풍부하며, 집중력과 탐구심이 강하고 독립적으로 행동하고 싶어 한다.

이들의 체격은 보통 갸름하고 마른 편이며 편편한 가슴과 빈약한 근육발달의 특징을 가지고 있다. 이들은 육체에서 사고의 중심인 두뇌가 잘 발달되어 있고 논리와 이치에 따라 행동한다. 그래서 이들은 관찰을 중요시하겨 따라서 보는 것을 즐기고 시각이 발달되어 있다

머리형의 중심 정서는 전체의식에서 떨어져 나온 분리에서 오는 불안함과 자신이 불완전한 존재라는 공허함이다. 이들은 세상을 플러스, 마이너스의 양극성이 존재하는 상대적인 대립의 관계로 본다. 그래서 이들은 완벽하게 균형을 이루어 대립이 사라진 완전함을 알고자 하는 욕구를 가지고 있다. 이들을 움직이는 힘은 의심과 불안이다. 이들의 주 관심사는 '객관적 이치, 논리에 맞는 것을 알아내는 것'이다. 이들은 사고에 의존하기 때문에 현재보다 기억이 존재하는 과거와 머릿속에서 상상하는 미래에 더 관심을 둔다.

그들은 관찰, 분석, 비교, 대조의 사고과정을 통하여 상황을 판단한다. 그들은 상황을 고찰하고 분석하며 연구하기 위하여 냉혹한 현실을 멀리한다. 모든 의사결정이 논리적이고 이성적이며 타당성이 있는지, 그리고 그것이 권위자와 자기가 속한 단체에서 받아들여질 수 있는지에 마음을 쓴다. 그들에게는 자기가 존경하는 이의 의견이나 그 문제에 관여하고 있는 권위자의 의견이 매우 중요하다.

이들은 모든 것을 알고자 한다. 그것이 자신의 불안감을 해소시켜 주며 공허함을 채워줄 수 있다고 믿기 때문이다. 그래서 이들은 학문에 대한 탐구심과 집중력이 강하고 혼자 몰두하기를 좋아한다. 이들은 종종 모든 가능성을 열어놓고 현실에서는 존재하지 않는 상상의 세계를 동경하기도 한다. 그래서 이들은 공상하는 것을 즐기고, 여행과 탐험을 즐기며, 환상을 좇고 황홀한 느낌을 주는 대상에 몰입하기도 한다. 그래서 이들은 비현실적으로 보일 수도 있다.

이들은 대개 인간관계에 있어 상대방과 마음으로 소통하는 공감을 잘 못한다. 그것은 이들이 대립의 이원성의 세계에 살고 있기 때문에 상대방과 나를 분리된 객체로 인식하기 때문이다. 근본적으로 이들은 상대방과 나 모두를 관찰의 대상으로 여긴다. 그렇기 때문에 어느 정도 거리감을 두어야 편하다. 그래서 이들은 인간관계에 있어서 예의범절을 중시한다. 만약 처음 보는 사람이 너무 친절하게 가까이 접근하면 이들은 불안하고 의심하며 그 사람의 의도를 파악하려 한다. 이들은 때때로 홀로 있고 싶어 한다. 그것은 순수의식의 본질에서 나오는 고요함을 닮고 싶기 때문이다.

이들이 주로 사용하는 방어기재는 합리화이다. 이들은 자신이 틀렸음을 인정하지 않는다. 이는 완전함이라는 순수의식의 본질을 생각할 때 '나는 옳지 않다'는 것은 인정할 수 없는 것이다. 이들은 설사 자신이 틀렸을지라도 자신의 옳음을 증명하는 증거들을 찾아나어 논리적으로 설명함으로써 자신이 옳다는 것을 주장한다. 그래서 이들은 편집증을 갖고 있다. 이들은 자신의 행동을 정당화하기 위해 세상의 미덕을 사용한다. 이들이 주로 사용하는 세상의 미덕은 희망, 신뢰, 합리, 명예, 안정, 진리 등이다.

이들이 자신의 집착 뿌리를 알고 자신에게 솔직해지고 타인을 분석하고, 판단하고, 평가하고, 비판하기를 그만둘 때, 자신을 합리화하기를 그만둘 때 순수함은 스스로 드러날 것이며 고요함 속에 편히 머무를 수 있을 것이다.

3. 감정 중심(가슴형): 2, 3, 4 유형

가슴형은 참된 자기의 사랑을 감정과 동일시하면서 형성된 집착이다. 그래서 가슴형은 무의식 깊은 곳에 참된 자기의 사랑의 본질에서 나오는 의지가 반영되어 있다. 이 의지는 "나는 충만한 사랑이며, 모든 존재에게 나누어 줄 수 있으며, 모든 존재와 함께 조화를 이루고 싶다."는 의지이다. 그래서 가슴형은 다른 사람들의 감정과 자신의 감정을 잘 구분하지 못한다. 이는 사랑의 본질인 합일에서 나오는 자연스러운 현상이다. 그래서 이들은 다른 사람을 위해 기꺼이 자신을 희생한다. 이들은 따뜻한 마음을 가지고 있으며, 놀라운 의사소통 및 공감 능력을 가지고 있다. 이들은 어디를 가든지 관계를 중시한다.

이들의 체격은 둥글둥글하며 매력적인 미소를 띤 그들의 얼굴은 대개 부드러워 보기가 좋다. 반짝이는 눈을 가진 그들은 만나는 사람들에게 기쁨을 발견하려고 한다. 그들은 육체에서 심장과 순환계가 발달하여 있고 사람 위주로 행동한다. 이들은 접촉을 중시하기 때문에 미각과 촉각이 발달되어 있다. 가슴형은 대개 상황파악에 직관적이다. 이는 그들이 다른 사람들과 맺는 관계와 접촉의 감각 때문이다. 그들은 남들에 대한 관심으로 우정과 친밀함과 대인관계에 관한 이야기를 다룬다.

가슴형은 타 존재와의 관계가 단절되었다고 착각하는 데에 집착의 뿌리가 있다. 그래서 가슴형의 중심 정서는 단절에서 오는 상실감, 혼자 떨어져 있다는 고독감과 우울함이다. 이들은 단절된 관계를 회복하고 싶어 하며 그래서 자기 자신을 다른 사람들이 좋아하고 사랑하는 존재로 만들려는 욕구를 가지고 있다. 이들의 주 관심사는 다른 사람에게 비치는 자기 자신의 이미지이다.

이들은 항상 다른 사람의 관심을 끌고 싶은 욕구를 가지고 있다. 이는 사랑에서 나오는 '끌림'의 변형된 형태이다. 이들은 다른 사람들로부터 인정받고 싶어 한다. 그래서 다른 사람들이 좋아하는 모습에 자신을 맞춘다. 세상 사람들이 인정하는 성공한 사람들이나 인기 연예인, 명품, 아름다운 예술품들은 이들이 되고 싶은 모델이 된다.

이들은 다른 사람들의 시선을 항상 의식하기 때문에 잘 보여야 하는 데에 지나치게 신경을 쓴다. 이는 배짱형이 강박증을, 머리형이 편집증을 가지고 있는 것과 마찬가지로 가슴형은 신경증을 갖게 한다. 집에 손님이 찾아오면 그 사람이 혹시 불편해하지 않을까 하는 마음에 무시해도 좋을 만한 세세한 부분까지 신경을 쓴다. 만약 내가 어떤 선물을 주었는데 상대방이 무의식적으로 그 선물을 함부로 취급한다면 "일단 준 것이니까 그 사람이 어떻게 취급해도 난 상관없다."

고 생각하지 못하고 나에 대해 관심이 없는 듯이 느껴져서 마음이 불편하다.

이들은 모든 관심이 외부로 향해 있기 때문에 자신의 내면의 솔직한 욕구들을 잘 알지 못한다. 이들은 자신에 대한 이야기와 가장된 특성들이 실제 자기 정체성이라고 믿는다. 그래서 자기 자신의 욕구를 무의식적으로 억압하고 자신의 진실과 대면하기를 두려워한다.

이들이 주로 사용하는 방어기재는 억압이다. 이는 충만한 사랑이라는 자신의 본질을 생각할 때 '그렇지 않은 자신'을 솔직히 인정할 수 없는 것이다. 그래서 이들은 자신의 내면의 욕구와 모습을 억압하여 표면에 드러나지 않게 한다. 이들은 자신의 행동을 정당화하기 위해 세상의 미덕을 사용한다. 이들이 주로 사용하는 세상의 미덕은 희생, 봉사, 친절, 번영, 자비, 평등, 조화 등이다.

이들이 자신의 집착 뿌리를 알고 세상과 타인의 이미지를 쫓는 행위를 그만둘 때, 있는 그대로의 자기 자신을 사랑할 때 충만함은 저절로 드러날 것이며 세상의 아름다운 빛이 될 것이다.

에니어그램의 진로발달 방향

홀랜드 직업선호도 검사나 MBTI 성격유형 검사에서는 자신의 유형에 부합하는 직무를 선택하면 직무만족도가 높고 그 직업에서 능력을 발휘할 가능성이 높아진다고 가정한다. 그러나 에니어그램에서는 9가지 유형이 가진 개별적 특징들은 자신이 극복해야 할 과제라고 가르친다. 에니어그램을 잘못 사용하는 것 중의 하나가 자신의 집착유형을 알고서 자기 행동을 정당화하는 것이다. 예를 들어 "나는 8번이니까 화를 내는 것이 당연하지." 등이다. 그렇게 하면 에니어그램은 왜곡된 자아상을 꿰뚫어 보는 순수하고 반사적인 거울이라기보다는 왜곡된 자아상을 강화시키는 또 다른 방법이 된다.

또 잘못 사용하는 것으로 더 나은 8번이 되는 수단으로 이를 활용하는 것이 에니어그램을 올바로 사용하는 것이라고 오해하는 것이다. 8번은 진실하고 정의롭고 용기가 있다. 그래서 더 진실하고 정의롭고 용기 있는 행동을 하는 것으로 에니어그램을 이해한다. 그러나 그것은 자아동일시를 강화시켜 왜곡된 자아(Ego)를 더 강화시킨다. 왜냐하면 8번 유형이 다른 유형보다 그러한 장점을 가진 이유는 근원적 집착인 생존의 두려움을 회피하고 자신을 정당화하기 위해서다. 결국 왜곡된 자아에 의해 이루어지는 모든 행위는 집착의 행위이다. 따라서 아무리 많은 행동을 해도 결국은 집착일 뿐이다.

사실 우리가 9개의 집착 유형 중 어느 하나에 고착되는 것은 우연히 된 것이 아니며 특별한 목적이 있다. 그것은 참된 자기가 표현하고자 하는 욕망에 의해서 그리된 것이다. 예를 들어 참된 자기가 자신의 순수한 지성을 표현하고 싶다면 5번 유형에 고착될 가능성이 크다. 5번 유형은 순수한 지성에서 나오는 논리와 통찰력이 뛰어나지만, 용기가 부족하여 행동으로 옮기지 못한다. 그러나 5번이 자신의 집착을 깨닫고 이를 스스로 초월하면 자기 자신의 순수한 지성이 세상에 드러날 수 있다.

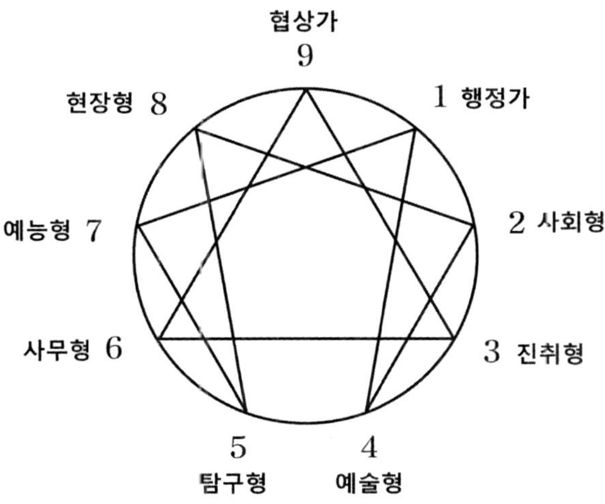

그림 7-2. 에니어그램 9개 유형을 진로방향으로 표시

그래서 에니어그램은 단순히 자신의 기본 유형에 머물러 있으면 안 되고 성장하고 발전하고 통합되어 가야 한다고 말한다. 아홉 가지 유형들은 원을 중심으로 나열되어 있기 때문에 기본유형 양옆에는 하나씩의 다른 유형이 자리 잡고 있다. 이 두 유형 중 하나가 자신의 날개가 된다. 만약 기본 유형이 9번이라면 8번과 1번 중 하나를 날개로 취할 것이다. 어떤 경우는 양쪽 날개 모두를 취하는 경우도 있을 수 있지만 대부분은 하나의 주된 날개를 취하고 있다.

근본 집착		날개	적합 직무	특징
본능 중심 (배짱형)	8번 유형 (현장형)	7번 날개를 가진 8번	현장형, 현실형	리더, 보호하는 사람, 제공하는 사람, 기업가, 이단자, 바윗덩어리
		9번 날개를 가진 8번	지도자, 관리자	리더, 보호하는 사람, 제공하는 사람, 기업가, 이단자, 바윗덩어리
	9번 유형 (협상가)	8번 날개를 가진 9번	협상가, 중개인	이타적, 긍정적, 화해시키는 사람, 편안하게 하는 사람, 이상주의자, 특별하지 않은 사람
		1번 날개를 가진 9번	상담가, 종교인, 치료자	이타적, 긍정적, 화해시키는 사람, 편안하게 하는 사람, 이상주의자, 특별하지 않은 사람
	1번 유형 (행정가)	9번 날개를 가진 1번	사무행정, 관리자	교사, 활동가, 변혁운동가, 도덕주의자, 완벽주의자, 조직적인 사람 교사, 활동가, 변혁운동가, 도덕주의자, 완벽주의자, 조직적인 사람
		2번 날개를 가진 1번	자영업자, 교육자	
감정 중심 (가슴형)	2번 유형 (사회형)	1번 날개를 가진 2번	사회복지, 봉사	이타주의자, 사랑스러운 사람, 남을 돌보는 사람, 남을 즐겁게 해주는 사람, 능력 있는 사람, 특별한 친구 이타주의자, 사랑스러운 사람, 남을 돌보는 사람, 남을 즐겁게 해주는 사람, 능력 있는 사람, 특별한 친구
		3번 날개를 가진 2번	고객응대, 서비스	
	3번 유형 (사업가)	2번 날개를 가진 3번	사업가, 마케팅, 영업	동기부여를 잘하는 사람, 모범, 귀감, 타인과 의사소통을 잘하는 사람, 지위를 추구하는 사람, 최고 동기부여를 잘하는 사람, 모범, 귀감, 타인과 의사소통을 잘하는 사람, 지위를 추구하는 사람, 최고
		4번 날개를 가진 3번	전문가	
	4번 유형 (예술형)	3번 날개를 가진 4번	연예인, 작가	예술가, 낭만주의자, 우울한 사람, 유미주의자, 희생자, 특별한 사람 예술가, 낭만주의자, 우울한 사람, 유미주의자, 희생자, 특별한 사람
		5번 날개를 가진 4번	예술가, 상담가, 종교인	

	5번 유형 (탐구형)	4번 날개를 가진 5번	예술가, 철학자	사상가, 혁신가, 관찰자, 전문가, 급진적인 사람, 숙련된 사람
사고 중심 (머리 형)		6번 날개를 가진 5번	과학자, 엔지니어	사상가, 혁신가, 관찰자, 전문가, 급진적인 사람, 숙련된 사람
	6번 유형 (사무형)	5번 날개를 가진 6번	연구원, 교사, 전문가	보호하는 사람, 신봉자, 의심이 많은 사람, 분쟁을 조정하는 사람, 전통주의자, 충성스러운 사람
		7번 날개를 가진 6번	사무행정, 공무원	보호하는 사람, 신봉자, 의심이 많은 사람, 분쟁을 조정하는 사람, 전통주의자, 충성스러운 사람
	7번 유형 (예능형)	6번 날개를 가진 7번	연예인, 엔터테이 너	다방면에 지식을 가진 사람, 재치있는 사람, 다양한 취미, 안목 있는 사람, 열정
		8번 날개를 가진 7번	사업가, 마케터, 발명가	다방면에 지식을 가진 사람, 재치있는 사람, 다양한 취미, 안목 있는 사람, 열정

표 7-1. 에니어그램과 날개를 진로유형으로 표시

에니어그램의 날개는 MBTI의 부기능과 마찬가지로 나의 유형의 부족한 부분을 보완해준다. 통상 대부분의 사람들은 아동기, 청소년기를 보내면서 자신의 유형과 인접한 두 개의 유형 중에 어느 한쪽을 발달시켜 한쪽 날개를 갖고 있다. 그러나 한쪽 날개로는 높이 비상할 수 없다. 배도 양쪽 노를 저어야 앞으로 갈 수 있는 것이지, 한쪽 노만 저으면 제자리를 맴돌 뿐이다. 따라서 내가 개발하지 않은 날개를 개발하여 양쪽 날개를 가짐으로써 양쪽 유형의 특성을 상황에 맞게 적절히 사용할 수 있어야 한다. 그러면 이제 날아갈 준비가 된 것이다.

에니어그램을 살펴보면 원 주변에 있는 각각의 번호에 두 개의 선이 연결되어 있다. 예를 들어 8번의 한 선은 2번에, 다른 한 선은 5번

에 연결되어 있다. 9번은 3번, 6번과 연결되어 있다. 다른 번호들도
모두 마찬가지이다. 한 선은 완전성을 향해 나아가는 자연스러운 발
전의 방향인 통합의 방향을 나타낸다. 또 다른 선은 그 유형의 비통
합의 방향을 나타낸다. 통합의 방향은 1→7→5→8→2→4→1,
3→6→9→3이며, 비통합의 방향은 1→4→2→8→5→7→1,
3→9→6→3이다. 통합의 방향은 각 유형이 건강한 방향으로 나아가
서 그 유형의 특성에 덜 묶이게 되는 것이며, 비통합의 방향은 그 반
대로 나아가서 그 유형의 특성에 더 동일화가 되는 것이다.

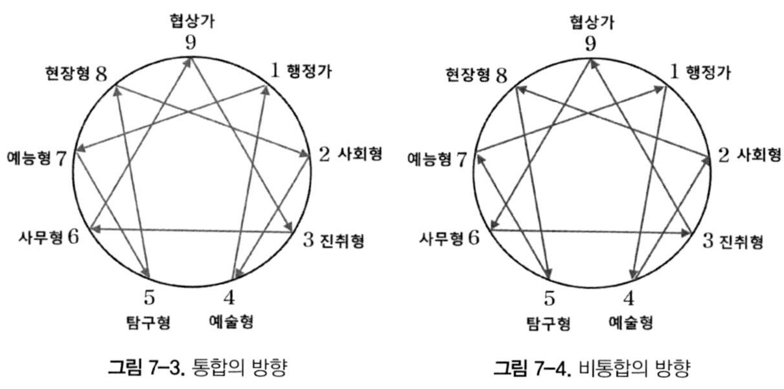

그림 7-3. 통합의 방향   **그림 7-4.** 비통합의 방향

통합의 방향으로 움직이기 위해서는 의식적인 선택이 필요하지만,
그 방향에 있는 유형의 태도와 행동을 따라 하는 것은 아니다. 예를
들어 8번 유형이 '2번 유형처럼 행동하기'를 시작하는 것, 즉 과자를
굽거나 사람들을 위해서 문을 열어 주는 행동을 하는 것은 아니라
는 말이다. 통합의 방향에 있는 유형의 행동을 따라 하는 것은 그 유
형의 성격을 더 강하게 만들 뿐이다. 진정한 변화는 새로운 에고의
패턴과 방어기재를 덧붙이는 것이 아니라 벗어나는 데 있다. 그래서

그 유형의 행동을 따라 하는 것은 실패하기 마련이다. 성격이 성격의 문제를 해결할 수는 없다.

통합의 과정은 우리가 뭔가가 되는 것이 아니라 우리를 가로막는 성격의 면들에서 의식적으로 벗어나는 과정이다. 내가 집착하고 있는 방어, 태도, 두려움에서 벗어날 때 나는 자연스러운 균형의 상태를 경험한다. 이것은 마치 나무에서 싹이 나고, 꽃이 피고, 열매를 맺는 것처럼 자연스러운 과정으로 일어난다. 영혼은 자연스러운 방식으로 스스로를 펼치기를 원한다.

통합의 방향으로 움직이는 것은 그 유형의 가능성을 보고 내 기본 유형이 가진 집착에서 벗어나는 과정이다. 통합의 방향에 있는 유형은 무엇이 진정으로 우리를 충족시키는지를 알려주고 우리의 기본 유형이 가진 잠재력을 깨닫게 한다. 예를 들어 음악을 통하여 자신을 표현하기를 원하는 4번 유형은 건강한 1번 유형처럼 성실하게 자신을 관리하고 꾸준히 연습한다. 이것이 그의 잠재력을 실현시키도록 해주기 때문이다. '1번 유형이 되는 것'은 4번 유형이 가장 효율적인 4번 유형으로 되는 길이다.

우리가 우리의 본질을 덮고 있어서 스스로를 패배시키는 장애물을 완전히 이해하고 경험할 때, 그것들은 다 자란 나무의 죽은 잎들과 같이 떨어져 내리고 우리 영혼의 완전성이 자연스럽게 나타난다. 거기에 우리 영혼의 본질이 있다. 이 순수한 영혼의 본질은 스스로가 만들어 놓은 에고의 방어, 자아 이미지, 두려움에 바탕을 둔 각 유형의 전략에 가로막혀서 스스로를 드러내지 못하고 있었을 뿐이다.

| 중년기 진로발달 사례

신념의 날개

- 인적사항: 신진실, 42세 여성, 직업상담사
- MBTI: 내향적 사고
- 에니어그램: 5번 날개를 편 4번 유형
- 통합의 방향: 1번 유형

나는 평범하고, 온화한 가정에 태어나서 유년시절, 그리고 청년 때까지 부모님 말씀에 순응하는 삶을 살아왔다. 어린 시절부터 모범되고 착하게 세상을 사는 것이 올바른 삶이라 여겼다.

그러나 남들과 똑같이 유순하고 순탄하게 보이는 삶을 산다는 것은, 이제 나의 행복은 아니라는 걸 비로소 깨닫게 되었다. 청년이 지나, 차츰 중년에 도달하게 되면서, 나의 내면의 소리에 귀 기울이게 되었다. 특히 중장년진로발달과업 상담을 받고 나서는 앞으로 어떤 방향과 목적으로 삶을 살아야 할지 더욱 명확해졌다.

나는 부유한 가정은 아니지만, 생활력 강한 부모님 밑에서 2녀 중장녀로 큰 사랑을 받고 태어났다. 내성적이고 조용한 성격으로, 여러 명의 친구들보단 한두 명과 깊게 교류하기를 좋아했다. 또한 논리적 사고형이어서 수업시간에 수줍어하는 성격임에도 발표와 토론은 조리 있게 하였다.

청소년 때부터, 감수성이 풍부해지고 독특한 자기표현을 하고자, 조금씩 짧은 글을 쓰기 시작했다. 에니어그램의 4번 유형 낭만적 열정적인 예술적 창조력을 발휘하기 시작한 것이다.

대학진학을 앞두고, 내가 좋아하고 배우고 싶은 쪽으로 전공을 선택할 수가 없었다. 부모님의 바람과 미래의 두려움으로 취업이 잘되는 상경계열 전공을 선택하게 되었다. 착하게 순응하는 삶을 살고, 그렇게 하면 다른 사람들과 같은 행복을 느낄 수 있을 거라 착각했던 것이다.

나는 학사졸업과 동시에 취업난에 부딪히게 되었다. 또다시 나는 다른 현실에 만족하는 직업을 선택하였다. 짧게 배워서 웹디자이너를 시작했지만, 웹 거품이 빠지면서, 회사들은 구조조정 당했고, 나는 실업상황에 도달하게 되었다. 그 당시 시대조류에 따라서 공무원 공부를 하고, 장기전으로 빠지기 전에 그것도 그만두어야 했다.

글을 쓰는 일을 하기 위해 알아보고 훈련받고 나서, 신문편집기자로 일을 하게 되었다. 그리고 대한민국 30대 초반 여성으로 순탄한 삶을 살고자, 더 나이 들기 전에 결혼을 선택해야 했다. 나는 내가 하고 싶은 나의 내면의 욕구를 들여다봐야 했다. 진실을 외면한 채, 타인에게 보여지는 삶을 살고자 했던 것이다.

내가 명확하게 신념을 가지고 주도적인 삶을 살고자 했다면, 이렇게 방황하는 삶을 살았을까? 현실을 만족하지 못하고 또 다른 현실을 추구하는 삶을 살고자 했지만, 결과적으로 그 현실이 나에게 어떤 의미가 있는 것인지 되돌아봤어야 했다. MBTI 내향적 사고형으로 자신에 대한 기대가 높으며, 지적 호기심이 강하다. 이는 에니어그램의 한쪽 날개, 5번 탐구형에 대한 설명과도 맞아떨어진다.

어릴 적부터 책 읽기를 좋아했으며, 읽고 싶은 책이 있으면 먼저 사고 보는 습성도 있다. 5권의 책을 샀다고 하면, 1권 정도는 못 읽고 쌓아두는 책도 있다. 또한 끊임없는 자기계발에 대한 욕구로 인해, 자격증과 교육열이 대단하다. 한자자격검정 교육, 캘리그라피, 컴퓨터 전산 관련 자격증, 그리고 평생의 직업으로 삼고자 했던 직업상담사 자격증을 취득했다. 직업상담사 자격증을 취득한 이후로도 MBTI, 스트롱, 집단상담프로그램 강사 양성과정 등등 실무와 전문성을 쌓고 시간과 노력을 아낌없이 투자한다.

어릴 적에는 부모의 말씀에 따라 삶을 살려고 하고, 성인이 된 이후에는 권위 있는 타인의 이론에 심취해 허기진 내면에 계속 쏟아붓고, 또 붓고…. 그렇게 살았다. 주위 직장 동료, 친구들이 돈을 투자해서 여행을 다니고, 쇼핑을 하고, 외식을 할 때, 그것은 사치스럽고 씀씀이가 헤프게 돈을 쓰는 것이라고 합리화했다. 오히려 나는 지식과 교육에 고차원적으로 미래에 투자한다고 생각했다. 어쩌면 속으로 부러워했을지도 모르는 나의 내면의 욕구는 또한 무시한 채….

그러던 어느 날, 나를 계속 채찍질하며 꾸역꾸역 집어넣었던, 권위 있는 말과 글이 타인에게 감동을 주는 것이 아닌, 나의 깊은 곳에서 우러나온 말과 글이 그 어떤 성인군자의 말보다, 감동이 된다는 사실을 알게 되었다. 나는 나의 진실이 담긴 글을 단숨에 쓰게 된 계기가 있었다. (예전부터 간헐적으로 써오던 시는 기쁘고 슬픈 감정을 상상력을 발휘하여, 증폭된 감정을 뽑아내 썼던 적이 많았다.) 직업사명을 이루기 위해, 필사적으로 영화를 만들고 성공하게 된 실버스터 스탤론의 동영상을 보고, 나는 뜨거운 눈물을 흘렸다. 그리고 그 눈물을 닦은 채, 바로 구직자들에게 용기를 주는 시를 써 내려갔다. 감동이 동하여 썼던 진실이 담긴 글, 나의 생각과 마음이 솔직하고 생생하게 전달 되게 썼던 글. 순수하고 열정적으로 단숨에 썼던 글. 그 글을 집단상담 프로그램(강의)에 활용하였고, 호응도는 놀랄 만큼 좋았다.

그렇다! 다른 사람의 생각과 글을 빗대어 핵심을 전달하기보단, 나의 생각과 말로 가감 없이 그대로 표현했다. 그랬더니 내가 느꼈던 감동이 여러 명에게 감동의 공명을 일으켰고, 그 반응은 다시 내게 날아왔다. 나는 낭만적이며 열정적으로 영혼의 깊은 바다로 들어갈 수 있는 사람이었다. 이미 다른 사람의 내면 안에 있는 깊고 섬세한 감정과 교류할 수 있는 능력이 내재되어 있던 것이다. 개인상담을 비롯해 집단상담 또한 나의 목소리로 이야기할 수 있게 되었다. 나의 목소리로 이야기함으로써 또 힘이 실렸고 절절하게 메아리쳤다.

앞으로 나는 신념의 날개를 활짝 펴서 날 수 있게 되었다. 나의 선한 의지와 공헌력을 발휘하는 상담과 강의를 하게 될 것이다.

홀로 서기

- 인적사항: 김창조, 53세 남성, 직업상담사
- MBTI: 내향적 사고
- 에니어그램: 4번 날개를 편 5번 유형
- 진로발달방향: 8번 유형

나는 어릴 때 대학에 갈 형편이 안 되어 사관학교에 진학하여 군에서 장교로 복무하다가 전직을 하였다. 내가 직업으로 군을 택한 것은 나의 적성이나 흥미를 전혀 고려하지 않고 집안의 경제적 여건에 맞추어 선택한 것이었다. 25년간 복무를 하고 진출이 좌절되어 더 이상 직업 비전을 가질 수 없어 퇴직을 하기로 결심했다.

나는 진로상담사가 되어 사람들에게 그들이 자기 자신을 올바르게 알고 자신을 표현하며 궁극적으로 자신을 실현하는 길을 갈 수 있도록 도와주는 일을 하기로 하였다. 그래서 직업상담사 자격증을 취득하고 진로상담에 관련된 각종 교육들을 받으며 지식을 습득하였다.

그보다 5년 전에 나는 진로상담사가 되기 위한 준비를 하였다. 군 장교로 근무하면서도 물리학과 심리학이 알고 싶어서 그와 관련된 책을 지속적으로 읽으며 지식을 습득했다. 내가 일하는 직무환경에서는 이것들을 쓸 곳은 전혀 없었다. 특별한 이유 없이 그냥 좋아서 공부한 것이다. 지금은 그때 공부하던 것들이 내가 진로상담을 하는 데 가장 중요한 자원이 되었음을 안다. 나의 무의식은 앞으로 내가 진로상담을 할 것을 알고 이미 그때부터 준비를 시켰던 것이다.

군대라는 직무환경은 나의 열등기능인 외향적 감정을 표현하기 어려운 곳이다. 게다가 나는 기획서를 작성하고 작전계획을 수립하는 등 내 주기능인 내향적 사고를 주로 사용하는 부서에서 근무하였다. 집중력을 발휘하여 혼자 일하는 경우가 많았고 폭넓게 사람들과 교류하는 기회는 적었다. 자연히 인간관계에서 다양한 사람과 인맥을 형성하지 못하였으며 타인에 대한 공감과 배려 기능은 발달하지 못하고 무의식에 잠재되어 있었다. 아마도 내가 중년기에 새로운 직업으로 진로상담을 선택한 것은 나의 열등 기능을 개발하려는 무의식적 욕구와 무관하지 않다고 생각한다.

나의 에니어그램 유형은 4번 날개를 편 5번 유형이다. 어릴 때 형제자매 없이 혼자 놀면서 자랐으며, 혼자 생각하는 시간이 많았고 책 읽는 것을 즐겨 하였다. 학창시절에 수학과 물리학을 잘하였고, 매우 논리적이고 이론적이며 비판적이었다. 논리성과 합리성이 나를 규정하는 대표 수식어였다. 동시에 예술적 감각이 뛰어났으며 특히 글쓰기를 잘하였다. 대학에서 국어국문학을 전공하였으며, 다수의 시를 쓰고 시문학으로 대상까지 받았다. 새로운 아이디어와 창의성 측면에서 남다른 소질이 돋보였다.

군에서 복무하면서 충성의 개념을 받아들였다. 내가 추구하는 이념과 이를 따르는 조직에 대한 충성은 군에서 가장 중요한 덕목이었기에 이를 습득하는 것은 어렵지 않았다. 나는 나의 미래를 꿈꿀 때도 삼국지에 나오는 제갈공명과 같이 유능한 참모로서 주군을 도와 대업을 이루는 상상을 주로 하였다. 내가 지도자가 되어 남들을 이끄는 것보다는 나의 총명함과 지혜로 리더를 도와서 세상을 이롭게 하는 사람이 되는 것이 나의 바람이었다. 지금 생각해 보면 이러한 나의 인식과 행동은 에니어그램 5번 유형이 통합의 방향으로 나아가기 위해 6번 날개를 펴는 과정이다.

군에 있을 때 몇몇 의미 있는 꿈을 꾸었는데 내가 유능한 참모로서 지도자를 보좌하여 전투를 치르거나, 중간 관리자로 명령을 받아서 수행하거나, 특수요원으로 조직의 명령을 받고 적진에 침투하여 임무를 수행하는 그런 꿈들이었다. 그런데 군에서 퇴직을 하고 민간사회에 나와서 1년 만에 꿈을 꾸었는데, 그때는 내가 황제가 되어 여러 장군들의 보좌를 받으면서 전쟁을 지휘하고 있었다. 상담사에게 꿈 이야기를 하였더니 그전까지는 참모로 일을 하였다면 앞으로는 지도자가 되어서 일할 것을 암시하는 것이라 하였다.

그 꿈 때문인지는 몰라도 나는 생애진로설계의 5년 후 목표를 생애진로비전센터의 건립으로 수립하였고, 5년이 지난 지금 진로상담을 주 사업으로 하는 사회적협동조합 및 일반 협동조합을 설립하여 운영하고 있다. 에니어그램으로 보면 통합의 방향인 8번 유형으로 나아가고 있는 것이다. 5번 유형은 생각은 많으나 준비 모드에 갇혀서 현실에서 실제로 실천하는 실행능력이 부족한데 퇴직 이후에는 과감하게 나의 생각들을 실제로 실행에 옮기고 있다. 이 모든 것이 통합의 방향으로 나아가는 증거다.

군에서 일할 때 나는 남다른 창의성을 발휘하여 군에 많은 기여를 하였다. 그러나 결과를 보면 군에서 크게 인정을 받지 못하고 중요하게 쓰이지 못한 채 퇴직을 하였다. 바깥에 나와서 처음 내가 선택한 직장에서는 그 직장의 비전과 이념을 높게 평가하여 뜻을 같이한다는 마음으로 급여를 받지 않으면서도 열심히 일을 하였다. 그러나 시간이 지나면서 내가 알았던 높은 이상과 숭고한 가치 덕목과는 거리가 멀게 느껴지면서 더 이상 직장생활에서 의미를 찾을 수 없어 퇴사를 하였다.

두 번째, 세 번째 직장도 마찬가지였다. 우리나라 전직지원회사 중에서 독자적인 프로그램을 가지고 있고 진로상담사만을 위한 특화된 교육훈련을 하는 등 비전과 이상이 높은 회사여서 입사를 하고, 나의 모든 아이디어들을 제공하면서 충성을 하였으나 회사가 분열되고 처음의 비전을 상실하는 것을 보면서 퇴사를 하였다. 일련의 이러한 사건들을 경험하면서 나의 삶 속에 반복적으로 나타나는 이러한 사건의 의미를 알고 싶었다. 에니어그램 통합의 방향인 8번 유형처럼 스스로 홀로 서서 행동으로 창조력을 발휘해야만 한다.

나는 내 열등기능인 외향적 감정 기능을 충실히 개발하여 주기능인 내향적 사고에 통합시켜왔다. 그래서 상담을 하더라도 일반적인 상담사들보다 문제의 핵심을 분명히 인식하고 내담자에게 보다 명료하게 직면시킴으로써 효율적인 상담을 진행할 수 있다. 앞으로 조직의 리더로서 사업을 운영함에 있어서도 비전과 가치관을 분명히 하고 끊임없이 창의적인 새로운 프로그램을 개발하여 인류와 사회를 위해 더 많은 공헌을 할 것이다.

내가 진로상담사가 되기 위해 MBTI, 에니어그램을 공부하고, 대학원에 가서 생애진로설계를 주제로 논문을 쓰면서 그와 관련된 공부를 하기 전까지는 지금까지 내 삶 속에서 펼쳐졌던 사건의 의미들을 알지 못했다. 그러나 이제는 거대한 하나의 퍼즐이 맞추어지듯이 내 삶의 스토리에서 그러한 사건들이 펼쳐진 이유를 알게 되었다. 그리고 내가 가야 할 사명의 길을 자각할 수 있었다.

많은 장년 구직자들이 나에게 와서 묻는다. "어떻게 하면 취업을 할 수 있을까요?" 지금까지 내가 취업포털사이트에 나온 구인공고를 보고 입사지원을 한 횟수는 어림잡아 30회 정도 된다. 그중에 딱 한 군데를 제외하고는 모두 서류심사에서 떨어졌다. 그나마 면접 본 곳도 낙방이었다. 결국 일반적인 구직방법, 즉 채용공고를 보고 이력서와 자기소개서 제출하고 서류심사에 합격하고 면접보고 채용되는 방식으로는 절대로 취업이 되지 않는다는 것을 실감하였다. 그러면 무엇이 결정적인 요소인가? 경력? 자격? 학력? 교육? 인맥?

물론 이 모든 것이 취업에 영향력을 발휘하는 것은 사실이다. 그러

나 대부분의 장년 구직생들은 청년보다 나이 빼고는 위 요소들 모두
다 월등하다. 그럼에도 거의 일반적인 방식으로는 취업이 안 되고 있
다. 결국 장년들의 취업을 결정짓는 요소는 위의 일반적인 요소들이
아니라 '자신의 사명을 알고 그 길을 가는가'에 달려있다. 자신의 사
명을 자각하고 그 길을 가는 사람에게는 나이 많음, 자격 없음, 낮은
학력 등이 결코 장애가 되지 않는다. 하늘이 그의 길을 열어주기 때
문이다. 반대로 자신의 사명을 자각하지 못하고 욕심의 길을 가는
사람은 아무리 학력이 높고, 자격증을 많이 가지고 있을지라도 하는
일마다 잘되지 않고 실패할 것이다.

이력서 및
자기소개서

| 이력서 클리닉

채용 프로세스

통상 기업에서 직원을 채용할 때는 그림 8-1과 같이 결원이 발생한 부서에서 인사부서로 채용 요청을 하면 이를 접수한 인사부에서 채용공고를 낸다. 채용공고를 보고 구직자들이 이력서를 보내오면 이 중 주로 자격증, 경력 등 객관적으로 드러난 사실을 토대로 적합한 인원을 몇 배수 선별한 다음 해당 부서장에게 보낸다. 그러면 해당 부서장이 이력서를 검토한 후 면접을 보고 싶은 사람을 인사부에 추천하여 채용 면접이 진행된다.

면접은 해당 부서장이 후보자의 직무능력을 검증하는 실무면접을 보고, 이를 통과한 사람에 한하여 회사 임원진이 인성, 장래가능성 등을 위주로 최종 면접을 진행한다.

채용 프로세스

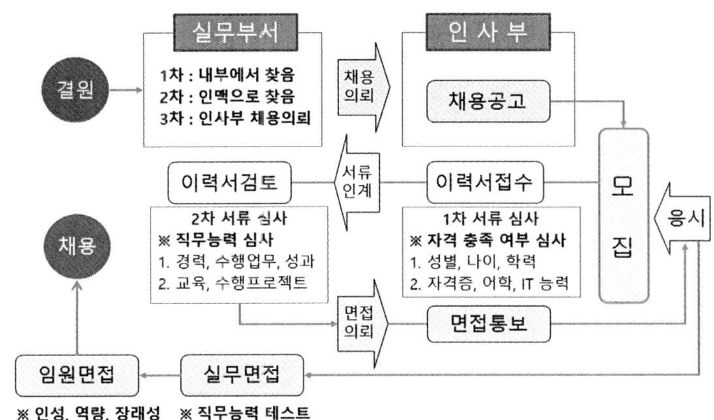

그림 8-1. 통상적인 기업의 채용 프로세스

이력서 작성법

이력서 및 자기소개서는 이러한 채용 프로세스를 염두에 주고 작성해야 한다. 우선 인사실무자에게 중요한 것은 후보자의 객관적인 자질이다. 즉, 주소, 자격증, 교육 정도, 근무 경험 등이다. 다음으로 실무 부서의 장이 가장 알고 싶은 것은 '이 사람이 무엇을 할 수 있는가?'이다. 즉, 직무 능력이다. 따라서 이력서와 자기소개서에는 본인이 할 수 있는 직무 능력을 잘 표현해야 한다. 이러한 직무능력은 자격증, 경력사항, 교육사항, 수행한 프로젝트 등으로 표현된다.

다음 임원이 알고 싶은 것은 '이 사람이 우리 회사에 얼마나 기여할 수 있는 사람인가?'이다. 이러한 내용은 자기소개서의 입사 동기 및 입사 후 포부 기술을 통해서 나타내야 한다.

따라서 이력서에서는 내가 지원하려고 하는 직무를 충분히 수행할 수 있다는 것을 입증할 수 있는 객관적인 사실 즉 학력, 자격증, 교육, 경력 위주로 작성한다. 경력 기술은 수행한 직무를 객관적이고 구체적으로 기술해야 하며, 교육사항을 기술할 때는 직무와 연관되어 필요한 교육 내용이 어필되게 기술한다.

자기소개서에서는 직무수행에 적합한 나의 잠재역량이 나타나도록 기술한다. 통상 자기소개서는 입사 동기, 성격 소개, 직무역량 소개, 입사 후 포부 등으로 작성되는데 입사 동기는 면접 시에 항상 물어보는 내용이므로 본인이 그러한 질문을 받았을 때 어떻게 답변할 것인가를 염두에 두고 작성한다.

성격 소개는 직무에 적합한 자신의 성격을 소개하라. 예를 들어 인사, 회계 등에 지원하는 사람은 자신의 정직함, 꼼꼼함, 성실함 등의 성격을 소개하고 영업사원에 지원하는 사람은 활발함, 의사소통 능력 등의 성격을 강조한다.

직무역량 소개는 이력서에 나타내지 못한 자신의 직무 핵심역량을 사례를 들어 소개한다. 특히 경력직 사원에게는 이 부분이 실무면접의 주요 대상이므로 많은 공을 들어 간결하면서도 업무의 핵심이 잘 드러나게 작성해야 한다.

입사 후 포부는 본인이 입사하면 회사 경영창출에 어떠한 기여를 할 것인지를 피력하는 것이다. 이는 임원진에서 관심 있는 사항이므로 막연한 기술보다 사전에 회사를 연구해서 회사의 경영이념, 주요 상품, 판매 전략 등을 미리 알고 이에 맞추어 자신의 역할을 기술함으로써 신뢰감을 줄 수 있도록 한다.

나 자신이 아무리 뛰어난 스펙과 훌륭한 인재라 하더라도 그것이 이력서상에 나타나 있지 않다면 나의 재능은 가치가 없는 것이다. 내가 가진 재능과 기술, 자격 등이 지원하는 분야와 연관되도록 작성해야만 비로소 나의 가치가 빛을 발할 것이다.

만일 지원하는 분야가 영업직임에도 불구하고 재능이나 기술, 자격 등이 영업인으로 필요한 부분과 연관 없는 내용만을 나열한 것이라면 아무리 뛰어난 인재타 하더라도 인사담당자에게는 쓰레기에 쿨과하다. 한 문장을 작성하더라도 희망분야에 포커스를 맞춘 이력서를 작성해야 한다.

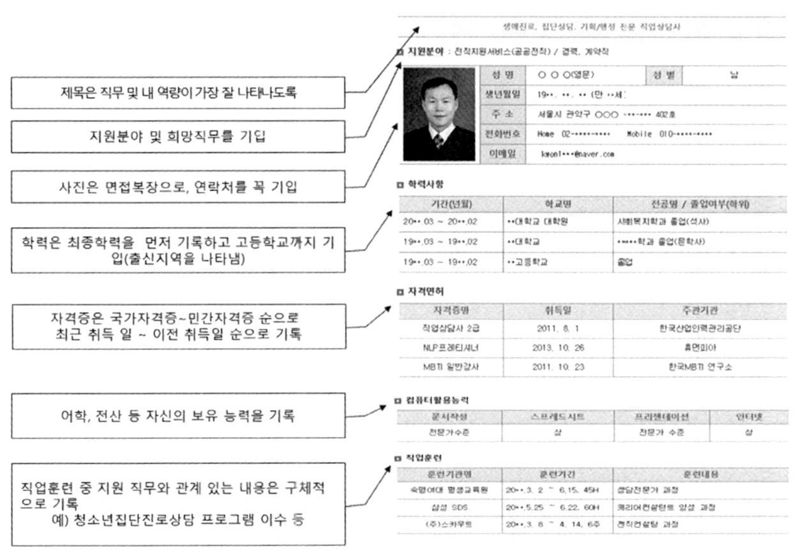

그림 8-2. 이력서 작성 TIP

경력은 현재부터 이전 경력순으로 써라

이력서를 작성할 때 모든 것을 이전의 경력순으로 작성을 하는 게 인사담당자들은 지원자가 '이전에 무엇을 했었냐?'는 사실보다는 지금 무엇을 하고 있는지?', 그리고 '최근까지의 경력이 무엇이었는지?'에 대해 궁금해한다. 현재부터 써라. 자신이 가장 최근의 경력 부분이 어떠한 일을 했는지에 대해 구체적으로 희망하는 업무와 연관될 수 있는 강점 부분을 도출해서 작성해야 한다.

맞춤법 검사와 오·탈자 확인은 필수적이다

오·탈자가 많거나 맞춤법이 틀린 이력서를 보면 인사담당자는 이력서의 실수를 그 사람의 성격이나 업무의 실수로까지 연상한다. 회사와의 첫 만남인 이력서에서 이러한 실수는 절대로 용납하지 않는다.

이력서를 다 작성한 다음에는 다음 사항을 반드시 확인한다.

① 인사담당자가 원하는 비즈니스 언어로 상대가 원하는 정보를 작성했는가?
② 취업사이트로 지원하지 말고 지원사에 맞춘 워드로 편집된 이력서를 작성했는가?
③ 공란을 없애고 용어 선택의 적합성과 오타 확인을 했는가?

| 자기소개서 클리닉

자기소개서 작성을 위한 상담 노하우

진로상담전문가, 특히 직업상담사들은 자기소개서 클리닉에 어떤 노하우가 있을까? 천차만별, 여러 각도에서 보고 기술하며 클리닉하는 자기소개서 작성의 법칙이 있을 거라 본다.

우리는 어떤 자기소개서 클리닉을 해야 하는가! 진로상담사가 진로상담을 통해 내담자의 직업흥미, 직업강점, 직업가치를 깨닫게 하고, 미래통합비전을 세울 수 있게 돕는 것이 생애진로설계였다.

지금까지 충실한 진르상담을 했다면, 자기소개서 작성은 부가적으로 이루어질 수 있다. 만약 자기소개서 클리닉을 위한 상담을 한다고 하면, 내담자의 강점(핵심역량)과 지원동기를 뽑아낼 수 있는 상담능력이 필요하다. 내담자를 역량을 파악하고 작성을 돕는 것이 진정한 클리닉인 것이다. 흔히 하는 국어 실력을 뽐내는 맞춤법과 오·탈자를 지적하는 것은 정녕 클리닉이 아닌 것이다.

이제부터 내담자의 자기소개서 작성을 돕는 상담의 노하우를 하나씩 풀어가 보자. 먼저, 우리는 자기소개서 클리닉 함으로써 얻을 수 있는 것이 무엇일까?

1. 자기 이해를 통해 본인의 역량을 인지하여, 자기효능감 향상

2. 압박 면접, 심층 면접 등 각종 면접 대비하여, 공포증 없이 발언

3. 앞으로 구직활동할 때 유사 직종과 직무에 적극적으로 도전

위 열거한 1, 2, 3의 효과를 인식할 때 상담자는 자기소개서 클리닉을 더 잘하고 활용할 수 있을 것이다.

그러면, 클리닉을 위한 본론으로 들어가 보도록 하자.

1. 자기 이해를 통해 내담자의 핵심역량을 도출

○ 먼저 핵심역량은 5가지 정도 도출한다(3가지는 자기소개서 중간 부분에 적을 것이고, 나머지 2가지는 성격 소개나 지원동기와 입사 후 포부에 녹아낼 수 있다).

○ 핵심역량은 프레디저(직업흥미와 강점), 홀랜드(직업선호도 검사), MBTI, 기타(동작동사 등) 진단 및 상담을 통해 파악할 수 있다.

○ 핵심역량은 내담자의 지나온 삶에서 직무와 연관된 직무 경험이 있으면 그 이야기를 풀어내고, 신입일 경우는 성장과정, 학교생활 및 자원봉사, 취미활동에서 뽑아낼 수 있다.

○ 핵심역량의 실사례는 수치화하고, 구체적으로 적을수록 신뢰감이 든다.

○ 핵심역량을 구체화하기 힘든 경우(직무 경험이 전혀 없고, 다양한 삶의 경험이 없는 경우, 자기 이해가 잘 안 된 경우)는 지원 직무상에 필요한 역량으로 역으로 생각하여, 공통된 역량을 뽑아내야 한다.

(ex. 세무회계사무원 → 세무회계전산능력, 꼼꼼함, 조직융화능력 탁월)

2. 핵심역량은 3의 법칙을 적용

○ 채용자의 관심은 직무역량에 있으며, 자기소개서 글 내용 전체
비율 중 핵심역량 부분은 50%를 차지하는 것이 좋다.

○ 나머지 성격 소개, 지원동기, 입사 후 포부는 통합해서 봤을 때
글 전체 비율의 50%로 작성하도록 한다.

○ 나의 핵심역량 소개는 3의 법칙에 의해 3가지를 기술한다. 두
가지만 기술하면 부족해 보이고, 4가지 이상 기술하면 산만해 보
이기 때문이다.

○ 핵심역량을 입증하는 사례는 언제, 어디서, 무엇을, 어떻게+성과
로 기술하여야 한다. 역시 구체적인 사례로 증명된다면, 신뢰감
은 더욱 높아지기 때문이다.

1. 저는 생애진로설계 집단상담프로그램 진행 능력이 탁월합니다.

<u>2014년~2015년까지</u> <u>○○주식회사에서</u> 취업성공패키지 전담상담사로 근무할 때
　　(언제)　　　　　　　　(어디서)
<u>참여자 200명을 대상으로 생애진로설계 집단상담프로그램을 진행하였으며,</u>
　　　　　　　　　　　　　　　(무엇을)
<u>특히 내담자의 단기, 중기, 장기 진로목표를 설계한 생애진로설계도를 제공하여</u>
<u>줌으로써 '목표를 가진 삶'을 살 수 있도록 안내하여</u>
　　　　　　　　(어떻게)
<u>15년 고용노동부 평가결과 내담자의 서비스만족도가 최상으로 나타났습니다.</u>
　　　　　　(성과)

○ 직무역량의 표현을 보다 전문성 있게 접근하려면, NCS의 직두

수준에 나타난 직무표현 단어로 활용할 수 있다.(ex. 제5수준 직업상
담사의 직무역량은 직업심리검사, 취업상담, 전직지원상담, 집단상담프로그램운영,
직업상담 기획 등)

3. 직무별 지원동기와 입사 후 포부를 점검

○ 내담자는 직무별로 그 직업을 택한 이유와 앞으로 어떤 곳에서
일하기를 원하는지 미래 비전을 구상한다.

○ 지원동기는 누구나 쓸 수 있는 평이하고, 보편적인 이유는 절대
로 구인업체 이목을 끌 수 없다.

○ 무릎을 탁 칠 정도로 "그래서, 그런 일을 하게 되었군요"라는 멘
트가 나올 정도로 이유가 분명하고, 스토리텔링처럼 구구절절하
면 기억되기 좋다.(ex. 직업상담사로 지원하는 동기 → 청년 시절 직업을 많이
바꾸어 진로상담사의 필요성을 절실히 느꼈고, 그리하여 본인이 직업상담사로 사명
을 가지고 일하게 됨)

○ 입사 후 포부는 지원하는 기업 이념에 맞추어 기업에 얼마나 기
여를 할지, 열정과 포부를 밝힌다.

○ 입사 후 포부는 내담자의 미래 장기비전과도 맞물려 있다.

○ 향후 5년, 10년 후 어떤 삶을 살지 특히 직업과 연관된 직업사명
이 분명한 내담자는 뚜렷한 미래통합비전을 제시할 수 있다.

4. 그 외 단점(걸림돌)과 멘토를 찾기

○ 직무 관련 본인의 단점(걸림돌)을 알고 보완하면, 면접에서 돌발
질문에도 대비할 수 있다.

○ 멘토는 흔히 존경하는 사람으로 직무와 연관된 분이면 좋고, 직

무와 꼭 연관이 안 되어도, 존경할 만한 부분이 어떤 특성인지 밝혀주면 된다.(ex. 90세까지 꾸준히 저술활동 강의, 자기계발에 소홀하지 않고, 하물며 신이 보지 않더라도, 자신의 길을 걸어갔던 피터 드러커의 열정)

5. 제목을 정하고, 문장(두괄식)구성 점검

O 본인의 브랜드 네이밍을 정하고 어필하게 함. 평소 자신의 이미지를 형상화하여 어떤 네이밍이 적합한지 생각해봐야 한다. 특히 직업가치와 걸맞는 제목이 면접관에게는 신선하게 다가갈 것이다.

O 전체적인 글이 짜임새 있게 되어 있는지 점검한다. 한눈에 결론이 딱 들어오는 두괄식으로 글을 써야 강조 효과가 부각된다.

자 기 소 개 서

성장 과정	저는 천영직인 지공인 _____ 에서 3남 4녀중 막내로 태어나서 형님과 누님들의 보살핌 속에서 성장을 했습니다
성격 (장·단점)	성격은 쾌활하고 모든 운동을 좋아하며 봉사 활동을 좋아하며 딱히 단점이라고는 없는것 같습니다. 현재는 [illegible] 산악대장을 맡고 있습니다.
학교 생활	초·중고 학교 생활은 친구들과 어울리며 중·고교 규칙적 활동을 했습니다.
지원 동기	회크켓 _____ 컴장님으로 부터 연락을 받고 지원을 했습니다
입사후 성장목표	처음엔 옛분들의 도움을 받아서 업무를 빠른시간 내에 파악하여 빠른시간 내에 모든 일을 숙지하여 회사에 도움이되는 사람이 되도록 최선을 다 하겠습니다
경력 사항	진[illegible]공 해체 전문업체 18년간 근무 본사우라 빌딩 4년 관리 만수6동 상가 사무실 빌딩 3년 관리 국회의원 _____ 표창장 (주) _____ 수령증 제14차 취업희망 프로 2급 과정 (종사자) 이수 2장공인 - 취업센타 (12)시간 과정수료

작성자　　　　　　　　인

자기소개서 클리닉 후(後)

자 기 소 개 서

1. 성격소개

저는 매우 쾌활하고 긍정적이며 어르신을 공경하는 경우가 바른 사람입니다.
2012년 ○○○○후원회에서 장애인 이웃을 위해 차량 봉사활동을 하여 국회의원 ○
○○로부터 표장을 받은 바 있습니다. 이렇듯 타인을 위한 봉사 정신이 투철하고 지
금도 ○○동 성당에 다니면서 각종 봉사활동에 참여하고 있습니다.

2. 지원동기

저는 예전부터 어르신을 잘 공경하고 지역사회에서 건물, 차량관리 봉사활동을 꾸준
히 해왔으며, 등산과 운동 등으로 건강한 체력을 유지하고 있습니다. 이러한 나의 경
력과 장점은 시설 및 건물관리, 경비 업무에 적합하다고 생각하며 매우 잘할 자신이
있어서 지원하게 되었습니다.

3. 나의 역량소개

1) 시설 및 건물 현장관리 능력 우수
2009년~2013년까지 비영리법인 ○○○○위원회 및 ○○○○진흥회에서 ○○불가마
사우나 건물관리와 ○○동 상가시설물관리 업무를 수행하였으며, 매일 4차례 이상
시설물을 점검하고 수리함으로써 최상의 시설상태를 항상 유지하여 회장님으로부터
특별 상여금을 받고 가족과 함께 해외여행을 갔다 오기도 하였습니다.
2) 어려운 위치에 있는 사람들을 적극적으로 도와주는 봉사 정신이 투철
제가 관리자로 있었던 2009년부터 지체, 청각, 산재 장애인들을 우선 고용해서 청소
등 일자리를 제공하여 삶의 터전을 마련해 주고 개인생활을 보살펴 주었습니다.
3) 강인한 체력과 정신력을 보유
30대부터 등산을 좋아하여 백두대간 종주 8회, 네팔 에베레스트 암벽 등반을 하였
으며 이를 통해 건전한 정신과 체력을 향상시켜 왔습니다. 현재도 ○○동 산악회에
서 산악대장을 맡고 있으며 한 달에 한 번씩 꾸준히 산행을 하고 있습니다.

4. 입사 후 포부

저는 시설관리, 현장관리, 안전관리, 경비 업무에 있어서 풍부한 경험을 가지고 있으
며 누구보다도 강인한 체력과 정신력을 보유하고 있습니다. 제가 귀사에 입사를 하게
되면 이러한 경험과 자질을 십분 발휘하여 귀사의 매출액 증대와 발전에 크게 기여할
것으로 생각하며 주어진 직무에 최선을 다해 임할 것을 약속드립니다. 감사합니다.

자기소개서는 철저하게 자기 이해가 되어야만 진술하고 풍부하게 작성할 수 있다. 여러 구직자를 만나보고 클리닉을 진행했는데, 오히려 청년보다 중장년 분들이 본인들의 삶과 강점에 대해 더 잘 파악하여, 진술한 자기소개서를 풀어내는 경우를 보았다.

최근에 대기업에서 요구하는 자기소개서는 대부분 구체적인 질문 형식으로 여러 가지 답변을 요구한다. 이는 구직자의 가치관을 알고 싶어 하는 경우가 많으나, 자유양식으로는 알 수 없는 부분이 많아서 꼭꼭 집어서 묻는 경우라고 보인다. 어떤 삶의 가치관으로 살고 미래를 향해 자기계발 하는지, 어떤 신념으로 사명을 가지고 살아가는지, 그 부분도 상담사가 꼭 한번 짚어줘야 할 부분이다.

글을 쓰면서 다시 한 번 느낀 건, 자기소개서는 철저하고 진정한 자기 이해이며, 미래 비전이 담겨 있는 글이라는 사실이다. (자기 이해 중에 나를 나타내는 강점을 찾아내는 기법으로 NLP프로그램의 '순수존재찾기' 등 강점을 찾아내는 기법이 있다.)

심리검사와 기법들은 사실 상담을 위한 도구라고 볼 수 있다. 내담자의 성향과 과거 경험의 사례를 듣고 핵심역량과 다른 사안(지원 동기, 입사 후 포부 등)을 설계하고, 진술하게 풀어낼 수 있다면 훌륭한 자기소개서가 되리라 믿는다.

더불어 자기소개서가 작성되면, 자기 이해를 통해 풀어낸 것이고, 미래의 꿈이 담겨 있는 것이기에 자기효능감이 증폭된다. 또한 미래 일에 대한 희망을 담고 있기에 긍정의 에너지는 내담자에게 큰 힘을 줄 것이다. 자기소개서 클리닉은 직업상담의 기본이자 중요한 핵심 상담 스킬이다.

암흑의 어둠이 지나면 새벽은 온다.

미네르바의 수탉으로 새벽을 깨운다
진로상담의 새로운 변화를 위하여

고개 숙여 움츠러든 적막, 밤은 너무 길다.
우리의 밤은 이처럼 가고 있다. 당신의 아침은 오고 있는가.

우리는 가장 고요하고 가장 어두울 때, 두려움에 떤다.
실낱같은 한 줄기 희망의 빛이라도 보았다면
그렇게 무서워서 떨지 않을 것이다.

숨소리조차 들리지 않는 암흑의 어둠은 우리를 더욱 집중하게 한다.

조용히 내면으로 몰입할수록, 더 심오하게 내 안의 목소리를 듣게 된다.

우리는 그렇게 시간이 정지한 듯, 멈추어서 핵심을 녹아내렸다.
정수를 모으고, 쓰고, 고치고, 다시 정수를 모았다.

실낱같은 한 줄기 희망의 빛을 우리가 만들고자 했다.
더듬거리며 답답해하는 이들에게 손을 내밀고자 글을 썼다.

이제 우리는 어둠이 두렵지 않다.
가장 어두울 때가 가장 밝기 바로 직전임을 우리는 안다.

여명을 기다리며 눈을 감는다. 곧 밝음이 오리라는 것을
어둠을 견딘 당신에게 이 글을 바친다.